Grace Kelly

Hollywood Collection – Eine Hommage in Fotografien

Herausgegeben von Suzanne Lander

Texte und Fachberatung Manfred Hobsch

Schwarzkopf & Schwarzkopf

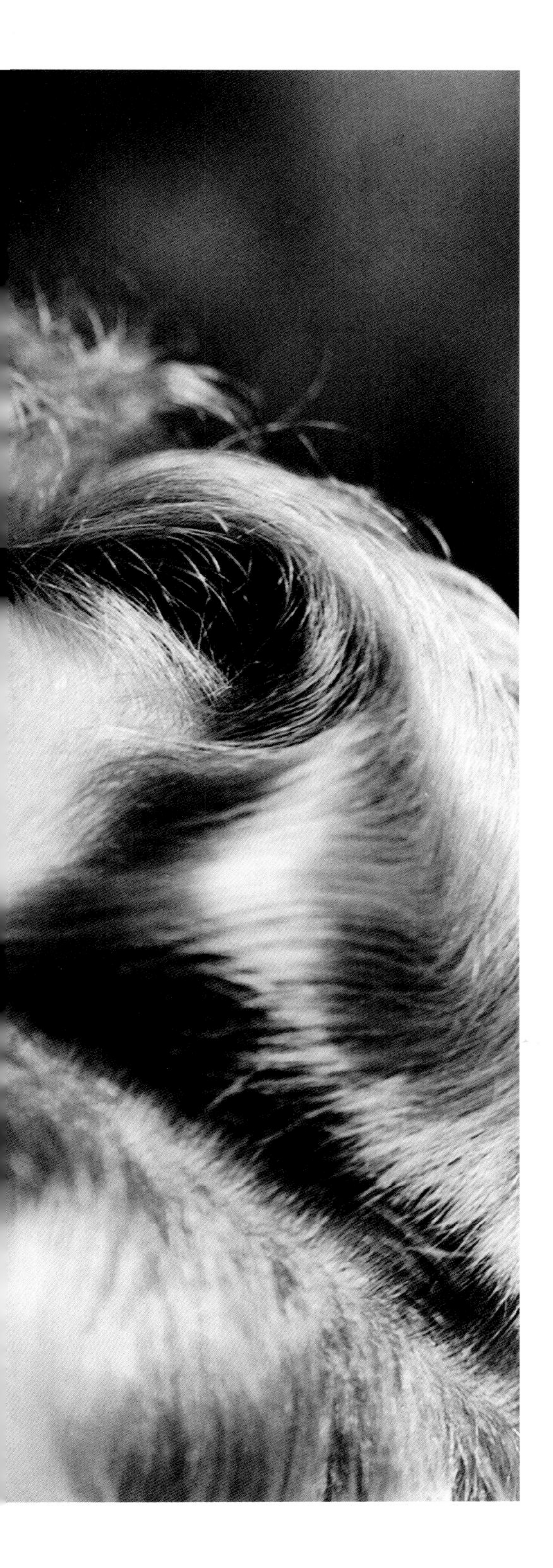

Inhalt

»Sie war überempfindlich, was ihre eigene Familie betraf. Sie bedeutete Grace unglaublich viel, mehr – so kam es mir vor –, als Grace ihnen wichtig war ... Auch wenn es in der Familie Kelly einen starken Zusammenhalt gab, war es nicht unbedingt herzlich.« Fürst Rainier

»Ich denke, sie strahlt Ehrlichkeit und Würde aus, und ich glaube, dass die Welt wieder verstärkt Wert auf Ehrlichkeit und Würde legen will. Frauen wie Grace Kelly und Audrey Hepburn helfen uns, an die angeborene Würde des Menschen zu glauben – und genau das ist es, woran wir heute unbedingt wieder glauben müssen.« William Holden

Inbegriff von Stil und Schönheit

Grace Kelly in Hollywood

Sie war der Inbegriff von Stil und Schönheit und ist auch heute noch eine Legende: Grace Kelly, die Fürstin Gracia Patricia von Monaco. Die stille Schönheit ist noch immer unvergessen, sie war ein Star des Kinos der 1950er Jahre und hat in zwei Klassikern Hollywoods mitgewirkt, die auch in ferner Zukunft immer wieder gezeigt werden dürften: an der Seite Gary Coopers in dem Western »Zwölf Uhr mittags« und neben James Stewart in Alfred Hitchcocks Meisterwerk »Das Fenster zum Hof«. Und sie war die kühlste aller Blondinen: »Eisfee«, »Venus in Nylon«, »tiefgefrorene Göttin« und »Vulkan mit Gletscherblick« – mit Charakteristiken wie diesen versuchte man damals der ambivalenten Ausstrahlung Grace Kellys Ausdruck zu verleihen. Ihr Stil raffinierter Einfachheit wurde in zeitgenössischen Kommentaren mit Bezeichnungen wie »Natural Glamour« oder »Sexual Elegance« umschrieben. Es war ihr unterkühlter Sexappeal, der sie als Leinwandstar so bezwingend machte. Die Biografie der Grace Kelly liest sich wie ein Märchen – allerdings ohne Happy End. »Märchen erzählen erfundene Geschichten. Ich jedoch bin eine lebende Person. Ich existiere. Wenn man eines Tages mein Leben erzählt, wird man das wirkliche Wesen entdecken, das ich bin«, sagt Grace Kelly selbst.

»Mit kühlen, kurzsichtigen, klaren Augen betrachtet sie die Umwelt«, berichtet die Film-Illustrierte *Movie Life*: »Auf einer Gesellschaft sitzt sie still und lauscht und lauscht und lauscht, als ob sie jede Bemerkung für zukünftige Bezugnahme in ein Kästchen einordne. Sie selbst dagegen sagt wenig, äußert keine Meinung, die missgedeutet oder – etwas ausgeschmückt – weitergereicht werden konnte. Zurückhaltend, still und unglaublich ruhig, treibt sie Hollywood zum blanken Wahnsinn.« Und in der Zeitschrift *Photo Play* liefert ein Presse-Agent folgende Analyse des Grace-Kelly-Phänomens: »Es ist so einfach wie Apfelkuchen. Wir alle hier in Hollywood sind Snobs. Wir haben einen Minderwertigkeitskomplex – der ist eine Meile tief. Wir sind leicht beeindruckt. Mit der kurvigen Monroe, der hart arbeitenden Barbara Stanwyck, der süßen Ann Blyth und der niedlichen Debbie Reynolds fühlen wir uns heimisch. Sie gehören hierher, sie sind ein Teil der Familie. Und dann erscheint auf einmal dieses Dämchen mit 5-Uhr-Tee-Manieren und einem überkultivierten Akzent und schaut uns von oben herab an. Und wir sind beeindruckt. Wir machen Kratzfüße, wo wir gehen und stehen, und wenn sie mit der Peitsche knallt, springen wir.«

Als Filmregisseur Jean Negulescu die Namen der Oscar-Gewinner verlas, war das eine Sensation. »Die Trophäe für die beste Schauspielerin ging an die blonde, blasse, blauäugige Grace Kelly für ihre Rolle in dem Broadway-Film ›Ein Mädchen vom Lande‹«, heißt es 1955 im Nachrichtenmagazin *Der Spiegel*: »Damit war eine Schauspielerin, deren Namen noch nicht einmal der letztjährige amerikanische Film-Almanach verzeichnet, buchstäblich über Nacht zum wertvollsten Besitz der amerikanischen Filmindustrie geworden. Und zum ersten Mal seit den Tagen der Garbo und der Bergman hat Hollywood wieder eine wirkliche ›First Lady‹. Es scheint, als beginne mit der kühlen Kelly für die Filmstadt nach all den Sirenen mit betörenden Busen-Maßen und den kleinen Mädchen mit Knabenhaarschnitt eine neue Ära.« Ähnlich urteilt auch das amerikanische Nachrichten-Magazin *Time*: »In einer Industrie, in der alle Girls überschlägig in junge Schönheiten und alternde Schauspielerinnen eingeteilt werden können, ist Grace Kelly etwas Besonderes: eine junge Schönheit, die schauspielern kann.«

Und die amerikanische Journalistin Phylis Batelle berichtete: »Als der scheinbar unerschütterlichen Grace Kelly der Oscar überreicht wurde, schluchzte sie überwältigt in ihrem türkisfarbenen Satinkleid. Es war nur ein kleiner Schluchzer – aber er genügte. Ihre Freunde und Fans konnten endlich sehen, dass Grace Kelly doch Gefühle besitzt, die sie noch nicht öffentlich gezeigt hat. Sie ist nicht nur die kühle Dame der Gesellschaft, deren Haar, Scheckbuch und Karriere von König Midas berührt worden sind. Es war das erste Mal, dass die unberührbare Kelly dem ergriffenen Hollywood eine versteckte innere Wärme enthüllt hatte.«

»Ich brauche Damen, wirkliche Damen, die dann im Schlafzimmer zu Nutten werden.« (Alfred Hitchcock)

Von ihrem Durchbruch 1952 mit dem legendären Western »Zwölf Uhr mittags« bis zu ihrem letzten Film, dem Musical »Die oberen Zehntausend«, vergingen nur vier Jahre, in denen Grace Kelly elf Kinofilme drehte. »Ich

»Grace verliebte sich sehr schnell. Zu schnell, um genau zu sein.«
Lizanne LeVine, Grace Kellys Schwester

Grace Kelly war das dritte Kind von John B. »Jack« Kelly, einem amerikanischen Maurer mit irischen Vorfahren. Sie wurde am 12. November 1929 in Philadelphia geboren.

Grace Kelly im Alter von sieben Monaten im Juni 1930.

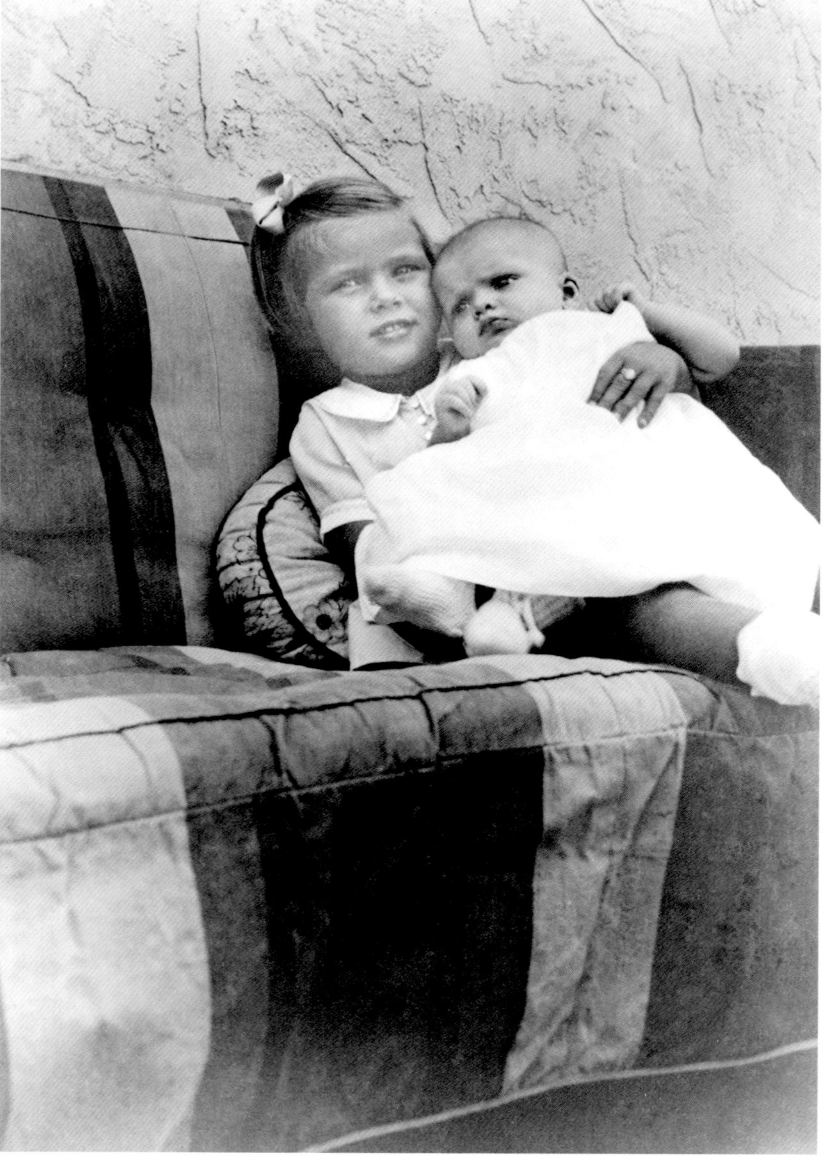

»Drei Jahre lang war Grace der Liebling der Familie. Dann kam ich und stieß sie sprichwörtlich aus dem Weg. Ich habe sie damals immer verprügelt – jawohl, das habe ich! ... Ich schätze, ich war ein wenig dickköpfiger als Grace.«
Lizanne LeVine, Grace Kellys jüngere Schwester

Grace Kelly mit ihrer älteren Schwester Peggy.

Grace Kelly stammte aus einer sehr sportlichen Familie. Ihr Vater und ihr Bruder hatten beide bei Olympischen Spielen Medaillen im Rudern erkämpft. Ihr Vater gewann 1920 zwei Goldmedaillen in Antwerpen, und ihr Bruder John Brendan Kelly Jr. 1956 Bronze in Melbourne.

Dieses Foto zeigt Grace Kelly mit ihrem Bruder John und ihrer Schwester Peggy. Es wurde im Juli 1947 aufgenommen, kurz bevor John bei der Henley Royal Regatta in England gewann.

habe sehr schnell Erfolg gehabt. Vielleicht zu schnell, um seine Bedeutung ermessen zu können«, urteilt sie selbst. Bei Regisseur Alfred Hitchcock hat es viele Spekulationen über seine blonden Heldinnen gegeben. Einen für ihn sehr wichtigen Aspekt bei der Wahl der Hauptdarstellerinnen erklärt er folgendermaßen: »Die Heldin muss den Frauen gefallen. Nicht nur, dass die Hälfte des Publikums meiner Filme Frauen sind, vielmehr ist es sehr oft so, dass ein Mann einer Frau eine Freude machen und sie beeindrucken will, und dann fragt er sie: ›Welchen Film möchtest du gerne sehen?‹ Also ist sie es, die entscheidet.« Die Schauspielerin, die Hitchcock sich für die Hauptrolle seines Films »Bei Anruf Mord« aussucht, ist die junge Grace Kelly vor ihrem großen Ruhm, zu dem er entscheidend beitragen sollte. Hitchcock hat Probeaufnahmen von Grace Kelly gesehen, die sie in New York gedreht hatte, und er war auch in der Vorpremiere von John Fords »Mogambo«. Die kühle, elegante Blonde ist die ideale Hitchcock-Heldin, denn sie hat, wie Hitchcock sagt, ein »innerlich loderndes Feuer«. »Mich reizt das Unterschwellige ihrer erotischen Anziehungskraft. Das klingt vielleicht rätselhaft, aber für mich versprüht Grace auf der Leinwand viel mehr Sex als die üblichen Sexbomben. Bei ihr muss man es ergründen, man muss es entdecken.«

Sir Alfred Joseph Hitchcock (1899–1980) gehört mit seinen 53 Spielfilmen und auch aufgrund seines enormen Publikumserfolges zu den bedeutendsten Regisseuren der Filmgeschichte. Als Botenjunge im Filmatelier gestartet, verstand er es, sein Publikum in nervenaufreibende Spannung zu versetzen. Wie kein Zweiter hat Hitchcock als Meister des »suspense« mit visuellen und akustischen Schockelementen auf der Gefühls-Klaviatur seines Publikums gespielt. Sechsmal wurde er für einen Oscar nominiert – gewonnen hat er allerdings nie einen. Nichtsdestotrotz gehört er zu den bedeutendsten Filmemachern des 20. Jahrhunderts. Hitchcock über sein Werk: »Man kann sagen, alle Hitchcock-Filme sind spannend, mit einer psychologischen Idee dahinter oder ein Abenteuerfilm.« Er hat Grace Kelly in dreien seiner Filme eingesetzt: »Bei Anruf Mord«, »Das Fenster zum Hof« und »Über den Dächern von Nizza« – und es war eine der glücklichsten Verbindungen in der Geschichte Hollywoods.

»Es gibt zwei Arten von Regisseuren: die, die beim Entwurf und der Verwirklichung ihrer Filme dem Publikum Rechnung tragen, und die, die das nicht tun«, notiert François Truffaut im Jahr 1954 als Filmkritiker: »Für die Ersteren ist das Kino Schaukunst, für die Zweiten ein individuelles Abenteuer. Es führt zu nichts, den einen oder den anderen den Vorzug zu geben, es ist einfach so. Für Hitchcock wie für Renoir und überhaupt für alle amerikanischen Regisseure ist ein Film misslungen, wenn er keinen Erfolg hat, das heißt, wenn er das Publikum nicht berührt, an das der Autor ständig gedacht hat, vom Moment an, als er sich für das Thema entschied, bis zur Fertigstellung des Films. Während Bresson, Tati, Rossellini, Nicholas Ray die Filme auf ihre Weise drehen und dann ihr Publikum auffordern, ihr Spiel mitzuspielen, machen Renoir, Clouzot, Hitchcock, Hawks ihre Filme fürs Publikum, sie prüfen ihre Arbeit ständig, um ganz sicher zu sein, dass ihr zukünftiges Publikum bei der Stange bleibt.« Da wundert es nicht, wenn Truffaut den Regisseur Alfred Hitchcock als einen »außerordentlich intelligenten Mann« bezeichnet, schließlich hat er sich schon beim Beginn seiner Karriere angewöhnt, alle Aspekte der Herstellung von Filmen in Betracht zu ziehen. Er war sein Leben lang darauf bedacht, seine Neigungen und die seines Publikums in Übereinstimmung zu bringen.

Regisseur und Beinfetischist François Truffaut (»Der Mann, der die Frauen liebte«) und Haarfetischist Alfred Hitchcock (»Vertigo«) führten ein inzwischen legendäres Mammut-Interview (»Mr. Hitchcock, wie haben Sie das gemacht?«), bei dem die Rede zwangsläufig auch auf die unnahbar blonde, unsagbar kühle Grace Kelly kam. Hitchcock spöttelte über den so offenkundigen Sex italienischer und französischer Stars, den er als langweilig empfand. Er bedauerte auch die »arme Marilyn Monroe«, der man den Sex vom Gesicht hätte ablesen können. »Ich brauche Damen, wirkliche Damen, die dann im Schlafzimmer zu Nutten werden.« Norddeutsche, Skandinavierinnen, junge Engländerinnen. Die mögen daherkommen »wie eine Lehrerin, aber wenn Sie mit ihr in ein Taxi steigen, überrascht sie Sie damit, dass sie Ihnen in den Hosenschlitz greift«.

»Grace Kelly hatte einen herrlichen Sinn für Humor, ein bisschen unflätig vielleicht.« (Alfred Hitchcock)

Gleich der erste gemeinsame Film »Bei Anruf Mord« wird ein Erfolg, Grace Kelly begeistert ein Millionenpublikum. Hitchcock behandelte eines seiner Lieblingsthemen: die Frage nach der Machbarkeit des perfekten Mordes. Unter anderem experimentierte er auch mit der Garderobe von Hauptdarstellerin Grace Kelly. Zu Beginn des Films trägt sie farbenfrohe Kostüme. Je finsterer die Handlung wird, desto dunkler werden auch ihre Kleider. »Hitchcock fühlte sich furchtbar behindert und frustriert, weil er den Film in 3-D drehen musste«, erinnert sich Grace Kelly. Aber Hollywood war von der rasanten Verbreitung des Fernsehens schlimm getroffen worden; die Besucherzahlen in den Kinos waren in den USA drastisch eingebrochen, und die Studios von Warner Brothers hatten sogar für etwa fünf Monate Zwangspause. »Bei Anruf Mord« ist der erste Film, der danach gedreht wurde. Da die Technik Hitchcock seiner gewohnten Freiheit beraubte, die Standorte und Winkel der Kamera zu bestimmen,

»Ihre Durchlaucht Fürstin Gracia Patricia von Monaco hatte den ruhigsten, verzauberndsten Stil. Sie war in der Lage, die Vision eines Modeschöpfers zu nehmen und diese auf ihre eigene Weise zu interpretieren. Das tat sie mit Hilfe von zwei Elementen, die in dieser Welt heutzutage sehr selten sind: Selbstvertrauen und Grazie. Davon können wir nur lernen.«

Ralph Rucci, Modeschöpfer

beschäftigte er sich stattdessen inbrünstig mit den Kostümen seines Stars. »Ich war sehr nervös, als ich ihn das erste Mal traf«, sagt Grace Kelly später, »aber er war sehr lieb zu mir.« Kostümbildnerin Edith Head erzählt, von allen schönen Stars, für die sie die Kostüme entworfen habe, habe Grace Kelly die perfekteste Figur gehabt. »Grace brauchte nichts zu verstecken. Sie sah in ihren Kleidern makellos aus, weil das Darunter makellos war.« Head sagt, der Großteil ihrer Arbeit bestünde im »Verstecken«, darin, Figurprobleme zu vertuschen. »Sogar die schönsten Stars, die auf der Leinwand perfekt erscheinen, müssen etwas kaschieren, alle, mit Ausnahme von Grace.«

Hitchcock wollte, dass Grace Kelly so wenig wie möglich anhat, wenn sie von ihrem Mörder angegriffen wird. Die Anekdote darüber, wie er sie dazu gebracht hat, ist in den Hitchcock-Biografien in unterschiedlichen Fassungen im Umlauf: Mal war das durchsichtige Nachthemd die Idee des Regisseurs, mal ging die Initiative dazu von der Hauptdarstellerin aus. Wie auch immer, angeblich tat Hitchcock so, als solle sie einen schweren roten Morgenrock tragen, hoffte jedoch, sie im letzten Moment dazu bewegen zu können, »in einem noch sittsamen Nachthemd, aber kein Flanell mit Rüschen« herauszukommen. Als er den Morgenmantel erwähnte, protestierte sie. Wenn diese Frau abends allein zu Hause ist, würde sie doch keinen schweren Morgenmantel anziehen. Das wäre doch albern. Sie muss im Nachthemd kommen. Also war es Grace Kelly selbst, die dieses spezielle Nichts von einem Nachthemd ausgewählt hat, weil es, wie sie sagte, ihrem eigenen Stil entspreche – wenn sie denn überhaupt eines tragen würde. Scheinbar delektierte sich Hitchcock an der gewalttätigen Attacke. »Wir brauchten fast eine Woche, um diese kleine Sequenz zu drehen«, berichtet Grace Kelly Jahre später. Die fertige Szene verweist wie andere Gewaltszenen in Hitchcocks Werk auf einen sexuellen Kampf; in den eingefügten Nahaufnahmen sieht man die Beine der Schauspielerin, die sich gegen den herandrängenden Angreifer pressen.

Hitchcock erfreute sich an den Versuchen, seine neue Schauspielerin zu schockieren. Als Hauptdarsteller Ray Milland ihn einmal am Set mit einem Besucher bekannt machte, hörte Grace Kelly Hitchcock diesen Mann auffordern: »Sagen Sie Hitch zu mir, ohne cock.« Dabei blickte er sie an. Ray Milland und sein Freund lachten. Grace Kelly erzählt: »Ich ging zu ihm und sagte: ›Ich habe es gehört.‹ Hitch wollte anfangen, sich zu entschuldigen, aber ich unterbrach ihn. ›Denken Sie sich nichts. Ich bin auf eine katholische Mädchenschule gegangen, schon mit dreizehn gab es nichts, was ich nicht gehört hätte. Und das Meiste davon war falsch.‹ Natürlich liebte er diese Art von Antworten.« Viele Jahre später meinte Hitchcock: »Grace Kelly hatte einen herrlichen Sinn für Humor, ein bisschen unflätig vielleicht.«

Im Sommer 1953 hatte Lew Wasserman für Hitchcock einen Vertrag über neun Filme für Paramount Pictures arrangiert. Fünf davon sollte Hitchcock produzieren und inszenieren und später sollten alle Rechte an diesen Filmen an ihn übergehen (»Das Fenster zum Hof«, »Immer Ärger mit Harry«, »Der Mann, der zuviel wusste«, »Vertigo« und »Psycho«). Bei vier weiteren Filmen sollten die Rechte bei Paramount bleiben; aus dieser Kategorie bekam das Studio aber schließlich nur einen: »Über den Dächern von Nizza«. »Während der ganzen Dreharbeiten zu ›Bei Anruf Mord‹ blieb er nur deswegen ruhig, weil er bereits seinen nächsten Film ›Das Fenster zum Hof‹ vorbereitete«, so Grace Kelly: »Er saß da und erzählte mir davon, schon bevor wir meine Mitwirkung besprochen hatten. Begeistert beschrieb er die Einzelheiten der großartigen Dekoration, während wir darauf warteten, dass die Kamera herumgeschoben wurde. Er erzählte mir von den Leuten, die man in den anderen Wohnungen auf der dem Fenster gegenüberliegenden Seite des Hofs sehen würde, und von ihren kleinen Geschichten, wie sie sich langsam zu Charakteren entwickeln würden, und was alles enthüllt würde. Ich sah, dass er die ganze Zeit nachdachte; wenn er eine freie Minute hatte, ging er weg und besprach den Bau dieser fantastischen Dekoration. Daran hatte er wirklich Freude.«

»Die Handtasche einer Frau steht für ihre Sicherheit, damit hat sie, wohin sie auch geht, ihr ganz privates Leben dabei.« (Grace Kelly)

Als die Vorbereitungen für »Das Fenster zum Hof« vorangeschritten waren, hat Hitchcock Grace Kelly die Rolle der Lisa Fremont angeboten: Eigentlich hatte sie zu diesem Zeitpunkt für die weibliche Hauptrolle neben Marlon Brando in Elia Kazans »Die Faust im Nacken« zusagen wollen. Doch nachdem sie das Drehbuch gelesen hatte, entschied sie sich für die erneute Zusammenarbeit mit Hitchcock. Die Rolle in Kazans »Die Faust im Nacken« wurde schließlich von Eva Marie Saint gespielt: In Hitchcocks rasant-romantischem Thriller »Der unsichtbare Dritte« wurde sie 1959 die geheimnisvollste aller Hitchcock-Blondinen und zum Grace-Kelly-Ersatz. Als Geheimagentin Eve Kendall verführt sie einen Werbemanager (Cary Grant) und kraxelt mit ihm über die Präsidentenköpfe am Denkmal Mount Rushmore.

Danach engagierte Hitchcock die übrigen Darsteller für seinen Film. James Stewart sollte Hitchcocks Alter Ego sein, an einen Stuhl gefesselt; er spielte einen Fotografen, dessen Beweglichkeit durch einen von der Hüfte bis zu den Zehen reichenden Gipsverband eingeschränkt ist. Der Rollstuhl der Figur ähnelt einem Regiestuhl; mit einem Teleobjektiv spioniert er seine Nachbarn aus (die er durch die rechteckige »Leinwand«

Grace Kelly unterschrieb Ende 1952 einen Vertrag bei MGM über sieben Jahre. Für ihre Rolle in »Mogambo« (1954) erhielt sie 750 Dollar pro Woche.

Porträtaufnahme von Grace Kelly aus dem Jahr 1952.

ihrer offenen Fenster sieht); er gibt ihnen Namen und stellt sich kleine Geschichten aus ihrem Leben vor. Wie Hitchcock schaut er zu und bewundert eine Frau, die ihm ein Kleid und ein Nachtgewand vorführt. Sie erregt sein Entzücken, aber, wie das Drehbuch betont, Intimität mit ihr wäre bedrohlich; Anschauen und Bewundern müssen genügen.

Die größte Sorge vor und während der Produktion galt der enormen und sorgfältig ausgearbeiteten Dekoration, deren Bau Hitchcock überwachte. »Das ›Fenster zum Hof‹ spielt in James Stewarts Apartment in Greenwich Village«, erklärte er der Presse. »Damit er seine Nachbarn beobachten kann, mussten wir eine Dekoration bauen, die 31 andere Wohnungen enthält, die er von seinem Fenster aus sehen kann. Aus einer scheinbaren Ein-Raum-Dekoration wurde so beinahe die größte, die je bei Paramount gebaut wurde ... Zwölf dieser Wohnungen waren komplett eingerichtet. An einem realen Schauplatz hätten wir sie nie richtig ausleuchten können.« Laut James Stewart »verlief die ganze Produktion von ›Das Fenster zum Hof‹ reibungslos. Die Dekoration und überhaupt alles an diesem Film war so gut entworfen, und Hitchcock war so angetan von allen, die damit zu tun hatten, dass wir auf seinen Erfolg vertrauten.« Hitchcock trieb den sorgfältigen Aufbau von Grace Kellys Image diesmal noch weiter als in »Bei Anruf Mord«. Edith Head erinnerte sich, dass er die Kleidung, die die Schauspielerin tragen sollte, extrem penibel auswählte. »Jedes Kostüm war bezeichnet, als er mir das Drehbuch schickte. Für jede Farbe und jeden Stil gab es einen Grund; er war sich seiner Entscheidung absolut sicher. In einer Szene sah er sie in blassem Grün, in einer anderen in weißem Chiffon, in einer weiteren in Gold. Er stellte im Studio tatsächlich einen Traum zusammen.«

Für François Truffaut drehte sich in dem Film »Das Fenster zum Hof« offensichtlich alles um die Idee der Ehe: »Wenn Grace Kelly in die Wohnung des vermeintlichen Verbrechers eindringt, so ist das Beweisstück, nach dem sie dort sucht, ein Ehering, der der ermordeten Frau; Grace Kelly schiebt ihn sich auf den Finger, während auf der anderen Seite des Hofs James Stewart durch sein Fernrohr ihre Bewegungen verfolgt. Aber nichts weist am Ende des Films darauf hin, dass sie heiraten werden. ›Rear Window‹ ist noch mehr als pessimistisch, es ist ein grausamer Film. Nur in erniedrigenden Momenten erfasst Stewart mit seinem Fernrohr seine Nachbarn, in lächerlichen Positionen, wenn sie grotesk oder sogar abstoßend erscheinen ... ›Rear Window‹ ist der Film der Indiskretion; er enthüllt die intimsten Bereiche in ihren verletzlichsten und peinlichsten Aspekten; es ist der Film des unmöglichen Glücks, der Film der schmutzigen Wäsche, die im Hof gewaschen wird, der Film der moralischen Einsamkeit, eine außerordentliche Symphonie des Alltagslebens und der zerstörten Träume.«

»Ich lernte ungeheuer viel über das Filmemachen. Hitchcock gab mir großes Selbstvertrauen.« (Grace Kelly)

Interpretationen, die den Voyeurismus bei »Das Fenster zum Hof« in Frage stellten, haben Hitchcock am meisten gefallen, vor allem, wenn sie den ganzen Film wegen Jeffries' Schnüffelei als unmoralisch abtaten: »Das ist Unsinn. Neun von zehn Leuten gucken einer Frau, die sich in einer gegenüberliegenden Wohnung fürs Bett fertig macht, weiter zu, auch einem Mann, der nur in seinem Zimmer herumkramt. Niemand wendet sich ab und sagt, das geht mich nichts an. Sie könnten die Vorhänge zuziehen, aber sie tun es nicht; sie bleiben stehen und sehen weiter zu.« Grace Kelly war stolz auf einen »Beitrag zur Veranschaulichung«, der auf sie zurückgeht. Sie erzählte einmal, sie habe Hitchcock auf die enorme Bedeutung hingewiesen, die eine Handtasche für eine Frau habe, denn sie stehe »für ihre Sicherheit, damit hat sie, wohin sie auch geht, ihr ganz privates Leben dabei«. Die Handtasche war ein wichtiges Requisit, sie diente dazu, den bereits verdächtig scheinenden Ehemann noch verdächtiger zu machen, weil er die Handtasche seiner Frau hat, während die Frau ihm bereits abhanden gekommen zu sein scheint. »Was mich angeht, ich würde nirgendwo Wichtiges hingehen ohne meine schwarze Lieblingstasche von Hermès«, erklärte Grace Kelly. »Ich habe meinen Schmuck dabei, für den Fall, dass etwas passiert und ich ihn plötzlich tragen muss. Ohne diese Tasche auszugehen, wäre fast so, als würde ich nackt ausgehen. Na ja, fast.«

An der Seite von Fürst Rainier hat der Hollywoodstar Grace Kelly 1956 eine Hermès-Handtasche berühmt gemacht. Sie trug sie während ihrer Verlobungszeit mit Rainier, sogar auf dem Standesamt hatte sie sie dabei. Später hielt sie ihre Tasche elegant vor sich, um ihren Schwangerschaftsbauch vor den Paparazzi zu schützen. Seitdem wollten alle Frauen eine Hermès-Tasche wie Grace Kelly besitzen. So kam es, dass die »kleine Tasche mit Trageriemen« zwanzig Jahre nach ihrem Erscheinen einen neuen Namen erhielt: Die Kelly-Bag war geboren. Wer heute eine Kelly-Bag kaufen will, muss sich in eine Warteliste eintragen und Geduld mitbringen. Denn jedes einzelne Stück wird erst nach Eingang des Auftrags angefertigt. Die Kundinnen (von Hollywoodlady Sharon Stone bis zu Rockergattin Sharon Osbourne) bestimmen Farbe, Leder und andere Besonderheiten. Die Kelly gibt es inzwischen in acht verschiedenen Größen, in steifer, weicher und sehr weicher Ausführung – und sogar als Rucksack. Gut 18 Stunden wird an jedem Exemplar gearbeitet. Der Preis ist vom Leder abhängig. Er beginnt bei rund 4000 Euro.

»Spannung«, meinte Hitchcock, »ist wie eine Frau. Je mehr der Fantasie überlassen bleibt, desto größer wird die Erregung ... Die übliche

»Sie war sehr bodenständig und gleichzeitig sehr majestätisch. Es gab nur eine Grace. Sie trug den passenden Namen.«
Lynn Wyatt, Unternehmerin und High-Society-Mitglied

Blondine mit dem großen Busen hat nichts Geheimnisvolles. Und was könnte weniger geheimnisvoll sein als diese alte Nummer mit schwarzem Samt und Perlen? Die perfekte ›Frau mit Geheimnis‹ ist die, die blond ist, scharfsinnig und nordisch ... Filmtitel wie Frauen sollten leicht in der Erinnerung bleiben, ohne zu vertraut zu erscheinen. Sie sollten faszinierend sein, aber nie überdeutlich, warm, aber doch erfrischend. Sie sollten Aktion suggerieren und nicht Passivität, und schließlich sollten sie einen Wink geben, ohne gleich alles zu verraten. Obwohl ich nicht behaupten kann, ein Experte für Frauen zu sein, fürchte ich doch, dass der perfekte Titel ebenso schwer zu finden sein dürfte wie die perfekte Frau ... Eine Frau mit einem Geheimnis besitzt auch eine gewisse Reife und ihre Handlungen sagen mehr als ihre Worte. Jede Frau kann zu so einer Frau werden, wenn sie sich zwei Dinge merkt: Sie sollte erwachsen werden – und den Mund halten.«

Für seinen nächsten Film in Technicolor engagierte Hitchcock die strahlende Grace Kelly in ihrer wohl reizvollsten Rolle: Anfang 1954 schlugen ihm die Manager bei Paramount vor, David Dodges Roman »Über den Dächern von Nizza« zu verfilmen. Die Geschichte spielt an der Riviera, und da Hitchcock Gefallen daran fand, zu reisen und Arbeit mit Vergnügen zu verbinden, gab er das Projekt an John Michael Hayes weiter. Neben Grace Kelly, von der Hitchcock völlig bezaubert war, sollte der elegante und alterslose Cary Grant spielen; mit 50 war er immer noch ein völlig akzeptabler Partner für die Schauspielerin, die halb so alt war wie er. Aber da sie noch für andere Filme verpflichtet war, musste Hitchcock warten – allerdings nicht lange, denn in den 1950er Jahren war die Produktion Fließbandarbeit, und so wurden die Filme in der kurzen Zeit zwischen Januar und Anfang Mai 1954 fertiggestellt. Unterdessen arbeiteten Hitchcock und Hayes am Drehbuch. »Bei ›Über den Dächern von Nizza‹ war er täglich an der Drehbucharbeit beteiligt, was bei ›Das Fenster zum Hof‹ nicht der Fall gewesen war«, erinnert sich der Autor. »Was uns zu einem guten Team machte, waren seine brillante Technik und seine Kenntnisse des Visuellen, seine Ich-Stärke und seine Überzeugungskraft; und ich war, glaube ich, dazu fähig, ihm Wärme in die Charakterzeichnung zu bringen.«

Um die Dreharbeiten an den Originalschauplätzen in Südfrankreich zu beschleunigen, schickte Hitchcock eine Mannschaft unter der Leitung von Herbert Coleman voraus, die die Autoverfolgungsjagden und einige wichtige Hintergrundszenen für die Rückprojektionen filmte, für die die Stars nicht gebraucht wurden. Nachdem er die Aufnahmen gesehen hatte, schickte Hitchcock ein Telegramm an seinen Assistenten nach Nizza, um ihn eine Einstellung wiederholen zu lassen, die auf der Leinwand dann zwei, höchstens drei Sekunden dauert: »Lieber Herby. Einstellung gesehen, wo Auto herankommendem Bus ausweicht. Befürchte aus folgendem Grund Ausbleiben der gewünschten Effekte. Wenn wir – Kamera – Kurve sehen, taucht Bus so plötzlich auf, dass keine Zeit für Realisierung Gefahr. Zwei Korrekturen. Erstens: Lange gerade Straße mit Kurve am Ende so ausfahren, dass man Kurve vor Erreichen wahrnimmt. Bei Erreichen der Kurve Schock über plötzlich auftauchenden, näher kommenden Bus. Da Kurve sehr schmal, sollte Bus nach links aus der Bahn getragen werden, aber wir – Kamera – keinesfalls bis an Straßenrand. Zweitens: Bus in genannter Aufnahme nur zur Hälfte sichtbar. Kommt daher, dass Ihr zu plötzlich Wendung zur Seite macht. Fehler zu vermeiden, wenn Kamera fest auf linke Seite gerichtet ist und, wenn Auto-Travelling in die Kurve geht, von links nach rechts schwenkt. Alle anderen Muster tadellos. Grüße fürs ganze Team. Hitch.«

»Grace hatte ein starkes sexuelles Interesse an Clark Gable.« (Gore Vidal)

Nach Ende der Dreharbeiten zu »Über den Dächern von Nizza« eilte Grace Kelly zu ihrer nächsten Verpflichtung. Weder sie noch Hitchcock waren sicher, ob sie je wieder zusammenarbeiten würden. Nach zwei weiteren, von anderen Regisseuren inszenierten Filmen zog sie 1956 für immer an die Riviera – als Fürstin von Monaco. In späteren Jahren besuchten sie und Hitchcock sich gelegentlich, und sie bewahrten die Erinnerungen an ihre Zusammenarbeit. »Ich lernte ungeheuer viel über das Filmemachen«, sagt sie später. »Er gab mir großes Selbstvertrauen.«

»Die oberen Zehntausend« war Grace Kellys letzter Hollywood-Film, in ihm gab sie ihr Debüt als Sängerin in einem Duett mit Bing Crosby: »True Love« heißt diese berühmte Komposition von Cole Porter. Johnny Green, der zusammen mit Saul Chaplin bei »Die oberen Zehntausend« die musikalische Leitung hatte, erinnert sich: »Ich war entschieden dagegen, dass Grace ihre Nummer selbst sang. Ich hatte viel Zeit im Tonstudio zugebracht und mir einen Haufen Muster aus Grace Kellys Dialogen angehört, das Timbre, die Stimmqualität und die Diktion geprüft, und ich hatte sie mir ganz zwanglos im Büro vorsingen lassen. Danach entschied ich, dass sie nicht in der Lage sei, ihre Nummer selbst zu singen. Ich war auch schon auf der Suche nach einem Double für sie, aber da rannte ich mit dem Kopf gegen einen Sherman-Panzer namens Grace Kelly. Sie bestand darauf, ihren Part zu singen, und ging auf mich los wie ein Eisbrecher. Dieser Streit zwischen Grace und mir kam bis vor den Leiter des Studios, Dore Schary, und ich verlor.« Grace hatte seit Monaten Gesangsstunden genommen, und sie war entschlossen, mit Crosby zu singen: »Gegen Ende des Liedes sangen sie sogar zweistimmig. Das Ar-

»Sie war großartig, die einzige unbekannte Künstlerin, die ich kannte, die bei einer Probe einen Nerzmantel trug.«
Dominick Dunne,
Bühnenmanager

rangement war von mir. Mein Gott, Grace hat ’nen ganz schönen Trottel aus mir gemacht, der Song hat uns nämlich nicht bloß ’ne Goldene eingebracht, sondern sogar Platin!«

Die schönsten Kussszenen mit Grace Kelly hat eindeutig Alfred Hitchcock inszeniert, er ließ seine Kamera immer sehr dicht an die Küssenden heranfahren, so dass er den Eindruck erweckte, die Liebenden selbst zu umarmen. So in »Das Fenster zum Hof«, wenn sich Grace Kelly zu James Stewart beugt, in einer Doppelbelichtung, die den Kuss um bebende Erwartung verlängert, und in »Über den Dächern von Nizza«, wenn sie und Cary Grant sich heftig und lange küssen, während sie auf einen Diwan zurücksinken. Um die Intensität Kellyscher Küsse noch zu erhöhen, ließ Hitchcock das Paramount-Aufnahmegelände absperren, und zweieinhalb Arbeitstage lang mussten sich Grace Kelly und Cary Grant ununterbrochen küssen, ehe Hitchcock zufrieden war. Die damenhafte Erscheinung der Kelly, so argumentierte Hitchcock, lasse intime Liebesszenen zu, die bei jeder anderen Schauspielerin anstößig wirken würden, bei ihr jedoch nur »legitime Leidenschaft« inspirierten. »Von Grace Kelly können die Männer in Gegenwart ihrer Ehefrauen schwärmen«, versucht Kritiker Dan Roberts den Publikumserfolg dieses Damentyps zu erläutern. Die Frage, ob Filmküsse überhaupt echt sind, hat die Schauspielerin Eva Marie Saint so beantwortet: »Zumindest vom körperlichen Einsatz her sind sie das vollkommen. Aber emotional fehlt oft etwas. Zum Glück, sonst würde man sich ja dauernd bei der Arbeit verlieben.«

Genau das ist Grace Kelly mit schöner Regelmäßigkeit passiert, jedenfalls enthüllt das die Kelly-Biografie von James Spada in aller Ausführlichkeit: Nichts da von »Nonne« oder »Miss Frigidaire«, Grace Kelly war alles andere als eine Heilige. Sie hat in Hollywood alles genommen, was sie wollte und kriegen konnte. Mit fast jedem der stets älteren Filmpartner wurden ihr Affären nachgesagt: Gary Cooper, Clark Gable, Louis Jourdan, William Holden, Robert Evans, Bing Crosby oder James Stewart. »Grace hatte eine sehr spezielle Anziehungskraft. Sie war ein Vulkan unter dem Eis, und ich schätze, dieses Eis stellte immer eine Herausforderung für die Männer dar. Grace führte sie in Versuchung. Sie lagen ihr zu Füßen«, berichtet Rita Gam, eine Freundin der Schauspielerin.

Gary Cooper konnte bei den Dreharbeiten zu »Zwölf Uhr mittags« für sich in Anspruch nehmen, der Erste einer ganzen Reihe wesentlich älterer Hauptdarsteller zu sein, mit denen Grace während ihrer Filmkarriere Affären von unterschiedlicher Intensität einging. »Ich ziehe ältere Männer vor«, sagte sie einmal. »Die sind einfach interessanter. Ich mag Leute, die mehr wissen als ich. Ich war schon immer lieber mit Älteren zusammen.« Was Cooper anging, so war die Affäre nur von kurzer Dauer. In der Öffentlichkeit brachte er lediglich seine Bewunderung für Grace Kellys künstlerisches Potenzial zum Ausdruck: »Sie nahm ihre Arbeit sehr ernst … Sie versuchte zu lernen, das merkte man deutlich. Man spürt’s, ob jemand wirklich den Willen hat, Schauspieler zu werden. Sie gehört zu den Wenigen, bei denen man ganz stark dieses Gefühl hat.«

Ob es auch eine Affäre zwischen Clark Gable und Grace Kelly bei den Dreharbeiten zu dem Film »Mogambo« gegeben hat, ist nicht so leicht zu entscheiden. Clark Gable selbst erzählte der Klatschkolumnistin Louella Parsons, als er vom Drehort zurückkehrte: »Man hätte sie niemals ohne Anstandsdame so weit von zu Hause fortlassen dürfen.« Dass Grace Kelly und Clark Gable voneinander fasziniert waren, ist nicht zu leugnen, das konnten alle im Filmteam bezeugen. Ein Freund Clark Gables stellte die ungalante Behauptung auf: »Grace war für Clark nur ein sexuelles Abenteuer.« Andere beteuern, es habe sich nur um eine platonische, wenngleich sehr intensive Vater-Tochter-Beziehung gehandelt. Dem amerikanischen Schriftsteller Gore Vidal zufolge, der damals für MGM Drehbücher schrieb, hatte Grace ein starkes sexuelles Interesse an Gable, das er allerdings nicht erwiderte. »Grace schlief fast immer mit dem Hauptdarsteller«, sagt Vidal. »Sie war dafür berühmt in Hollywood. Einer der Wenigen, bei denen sie nicht landen konnte, war Clark Gable. Sam Zimbalist, der Produzent von ›Mogambo‹, mit dem ich mehrere Filme gedreht habe, machte sich wahnsinnig lustig darüber, wie sie sich an den Originalschauplätzen in Afrika aufgeführt hat. Gable mochte andere Frauen, vorzugsweise Damen der Gesellschaft, und zu der Zeit hing er sowieso mehr an der Flasche als am Sex. Aber Grace hatte nun mal ein Auge auf Gable geworfen. Der beschwerte sich bei Sam: ›Was soll ich bloß mit dem Mädchen machen? Sie starrt mich dauernd an, und sie wünscht sich ein Mondschein-Dinner in meinem Zelt‹, und so weiter. Und Sam entgegnete: ›Also, das ist dein Problem.‹ Gable lud sie schließlich allein zu einem Dinner bei Kerzenlicht in sein Zelt und machte sie stinkbesoffen, was bei Grace nicht allzu schwer war, und sie musste sich übergeben. Das war das Ende der Romanze. Gables Hals war wieder mal gerettet, und Grace ging nie mehr zu ihm.«

»Sie war alles andere als kalt. Grace war sehr anziehend. Ich war verheiratet, aber ich war noch nicht tot.« (James Stewart)

Als »Tigerin mit weißen Handschuhen« bezeichnet Verena Araghi Grace Kelly im Nachrichtenmagazin *Der Spiegel*: »Davor möchte man noch heute in die Knie sinken. Vor diesem irisierenden Spiel aus Eleganz und lüsternem Geheimnis, aus Schönheit und verruchter Leidenschaft. Aus ihren Rollen blickt sie wie aus einem erotischen Rätsel herüber, eisblau, aber der Mund ist leicht geöffnet, und die Augen, sie mustern ihre Beu-

»Grace spielte so, wie Johnny Weissmüller schwamm oder Fred Astaire tanzte. Sie verkörperte beim Spielen eine unglaubliche Leichtigkeit. Manche Leute sagten, Grace war vor der Kamera genauso wie privat. Genau das ist das Schwierigste für einen Schauspieler, denn wenn man sich selbst verkörpert, hat das Publikum das Gefühl, dass dieser Mensch lebt und atmet, dass er einfach natürlich ist und nicht ›schauspielert‹ – und das zu tun, ist das Schwierigste auf der Welt.«

Cary Grant

te. Und natürlich leuchtete sie immer golden und schön und unberührt. Dabei war sie alles andere. Sie war noch nicht mal eine echte Blondine, und sie kam damit durch. Sie nahm sich – anstrengungslos! – Erfolg und Ruhm und dann genau die Männer, die sie wollte ... Mit diesem Flirren liegt sie hoch über dem Randale-Zirkus unserer Tage. Sie ist die ganz andere Liga. Die Erinnerung an Grace Kelly zeigt wieder, wie unraffiniert, wie trottelhaft und vulgär unsere Lindsay Lohans und Paris Hiltons mit ihren pornografieverdächtigen Auftritten sind. Ihre Männergeschichten machte Grace nie zur öffentlichen Angelegenheit. Sie erlegte ihre Beute im Stillen – und zog sich dann die weißen Handschuhe über. Die waren ihr Markenzeichen damals.«

Nach einer Affäre mit Grace Kelly während der Dreharbeiten zu »Bei Anruf Mord« hatte Ray Milland seine Frau gedrängt, die Scheidung einzureichen, um Kelly heiraten zu können. Grace Kelly beendete die Affäre, bevor sich die Scheidungsgerüchte überall verbreitet hatten. Und William Holden, mit dem sie bei dem Film »Die Brücken von Toko-Ri« nicht nur vor der Kamera spielte, beging aus Liebeskummer beinahe Selbstmord. Als Gloria Stewart hörte, dass ihr Mann James bei dem Film »Das Fenster zum Hof« mit Grace Kelly zusammenarbeiten sollte, gefiel ihr das überhaupt nicht. Noch Jahre später äußerte sie ihr Unbehagen: »Jimmy arbeitete in den fünfziger Jahren mit einigen der bezauberndsten Frauen der Welt zusammen. Ich lebte in der ständigen Angst, dass er eine von ihnen attraktiver als mich finden und eine Affäre mit ihr anfangen würde. Viele Schauspieler ließen sich mit ihren Filmpartnerinnen ein. Jimmy war ein heißblütiger amerikanischer Mann, also dachte ich natürlich, dass ihm das auch passieren könne. Ich war davon überzeugt, dass es nur eine Frage der Zeit war, bis er mich eines Abends anriefe, um mir zu sagen, dass er noch spät im Studio zu arbeiten habe oder mit den Kollegen pokern wolle. So ein Anruf ist nie gekommen. Und ich kann aufrichtig sagen, dass mir Jimmy in all den Jahren unserer Ehe nie einen Grund zu Unruhe oder Eifersucht gegeben hat. Je schöner die Frau war, mit der er zusammen drehte, desto aufmerksamer war er mir gegenüber.«

Wie Gloria Stewart befürchtet hatte, ließ Kelly ihren Mann tatsächlich nicht gleichgültig. Mit Ausnahme von Margaret Sullavan hat er keine Schauspielerin so gelobt wie sie. Nach ihrer angeblichen Kälte befragt, antwortete er einem Interviewer: »Sie war alles andere als kalt. Grace war sehr anziehend. Ich war verheiratet, aber ich war noch nicht tot. Sie hatte diese großen warmen Augen, und, na ja, wenn Sie je eine Liebesszene mit ihr gespielt hätten, dann wüssten Sie schon, dass sie nicht kalt war. Sie hatte ein umfassendes Selbstvertrauen. Solche Menschen sind nicht kalt. Grace hatte ein Zwinkern und etwas Freches in ihren Augen.« Belegt und öffentlich bekannt als Bewerber um Grace Kelly war der elegante, zweimal geschiedene Modeschöpfer Oleg Cassini. Er kleidete Hollywood-Stars und Adlige ein. Sein unübertroffenes Denkmal schuf er sich mit dem Look, den er für die Präsidentengattin Jackie Kennedy kreierte. Cassinis Ruhm ist eng mit der Person von Jacqueline Kennedy verbunden. Er machte die damalige amerikanische First Lady zur Mode-Ikone ihrer Zeit. 1960 hatte sie den Modemacher zu ihrem offiziellen Designer ernannt. Innerhalb eines Jahres entwarf Cassini 100 Kleider für Jackie Kennedy und beriet sie stilsicher. Grace Kelly flirtete nicht nur mit Oleg Cassini, dem charmanten Spross italo-russischen Adels in Italien, Frankreich, Hollywood und New York, sie hatte sich sogar mit ihm verlobt.

Zeitgleich pflegte sie diskrete Liebschaften mit dem Hollywood-Star David Niven und dem Schauspieler Jean-Pierre Aumont. Grace und Niven blieben ein Leben lang gute Freunde, und er und seine Frau waren häufig zu Gast im Schloss von Monaco, nachdem Grace den Fürsten geheiratet hatte. Einmal wollte Fürst Rainier von Niven wissen, welche seiner angeblich so zahlreichen Eroberungen in Hollywood ihn am meisten zufriedengestellt habe. Ohne Zögern antwortete dieser: »Grace.« Als er sah, wie sehr das den Fürsten schockierte, parierte er mit der höchst unglaubwürdigen Ergänzung: »Hm, Gracie ... Gracie Fields.« Nicht nur die Punkrock-Band Die Ärzte haben sich in ihrem Song »Grace Kelly« eine fiktive Affäre mit ihr ausgedacht, sondern auch der Schauspieler Jack Nicholson. Ihr ehemaliger Agent John Christian Foreman hat die Fürstin in einem Brief davor gewarnt, dass Nicholson entschlossen sei, sich ihr zu nähern. Er bestehe darauf, »eine engere Beziehung mit Dir zu haben, und hofft, dass Du einige seiner Filme gesehen hast, was ihm Gelegenheit gäbe, Dir einen persönlichen Brief zu schreiben«, teilte Foreman seiner ehemaligen Klientin mit. Sie müsse sich jedoch keine Sorgen machen, so Foreman, denn er habe Nicholson »verboten, irgendetwas Forsches zu schreiben«.

Ihr Vater kann mit der häufig kränkelnden Grace wenig anfangen, da sie nicht sportbegeistert ist.

Affären hin, Affären her: Auf jeden Fall war es Grace Kelly in ihren Hollywood-Jahren geradezu perfekt gelungen, ihr Privatleben so gut abzuschirmen, dass alle ihre echten wie vermeintlichen Liebschaften erst bekannt wurden, als sie längst am Mittelmeer residierte. Den Zeitgenossen erschien sie als Lady, und sie provozierte Vergleiche mit Greta Garbo: »Die letzte Lady vor Grace Kelly war Deborah Kerr, davor waren – immer in Abständen von sechs Jahren – Greer Garson, Ingrid Bergman und natürlich Greta Garbo, mit der die Reihe begann. Aber nicht nur korrekte Tischmanieren, verhalten vornehme Kleidung und die Kunst der Konver-

»Grace ist wie ein schneebedeckter Berg, und wenn der Schnee schmilzt, entdeckt man darunter einen glühenden Vulkan.«
Alfred Hitchcock

sation unterscheiden die Kelly von den meisten Hollywood-Heroinen«, schreibt *Der Spiegel* im Jahr 1955. George Seaton, der Regisseur des Films »Ein Mädchen vom Lande«, meinte: »Die Leute sind begeistert von ihrer Schönheit. Okay. Sie ist schön. Sie sprechen von ihrem Charme und von ihrer Kultur. Okay. Auch dagegen ist nichts einzuwenden. Aber das Allerwichtigste an der Kelly ist für mich, dass sie eine große, eine wirkliche Schauspielerin ist. Keine andere Filmschauspielerin hat jemals ihren Beruf so ernst genommen oder wusste so viel über die Kunst des Schauspiels wie Miss Kelly.«

Grace Patricia Kelly erblickt am 12. November 1929 in Philadelphia (Pennsylvania, USA) als Drittes von vier Kindern des amerikanischen Millionärs John Brendan Kelly sr. (1889–1960) und dessen Frau Katherine Margaret, geborene Majer, das Licht der Welt. Der Großvater, ein beherzter Bauernsohn, war als irischer Einwanderer in die »neue Welt« gekommen. Der Vater von Grace startete sein Berufsleben als Maurer und machte mit einem Darlehen seines reichen Bruders Patrick Kelly einen kleinen Betrieb zum großen Baukonzern. Als aktiver Sportler errang er bei den Olympischen Sommerspielen 1920 und 1924 insgesamt drei Siege im Rudern. Die Kindheit von Grace Kelly ist geprägt von Leistung, Disziplin und Konkurrenz. Wer die Anerkennung des Vaters erringen will, muss erst mal was leisten, was ihren drei handfesten Geschwistern durch sportliche Erfolge schnell gelingt: Ihr Bruder John Brendon Kelly jr. (1922–1985) wurde vom Vater zum Profi-Ruderer trainiert. Er nimmt dreimal an den Olympischen Spielen teil (1948 in London, 1952 in Helsinki und 1956 in Melbourne) und erringt 1956 in Australien eine Bronzemedaille. Ihre Schwestern Peggy (geboren 1920) und Lizanne (geboren 1933) zählen in ihrer Schulzeit zu den besten Schwimmerinnen. Die Großmutter mütterlicherseits von Grace heißt Margaretha Berg und wurde als Tochter eines Sattlermeisters in Heppenheim an der Bergstraße (Hessen) geboren. Im Alter von 20 Jahren wanderte sie in die USA aus und heiratete dort den Gutsbesitzersohn Carl Majer aus Immenstaad/Bodensee. Ihre Tochter Margaret war einstmals ein bekanntes Mannequin und als erste Sportlehrerin an der University of Pennsylvania tätig und brachte Grace zur Welt.

Das sportliche Interesse von Grace Kelly hält sich in Grenzen, weshalb ihre Mutter sie schon früh auf die Ballettschule, Klosterschule und Laienspiel-Gruppen schickt. Ihr Vater kann mit der häufig kränkelnden Grace wenig anfangen, da sie nicht sportbegeistert ist. Ihre Interessen liegen beim Ballett und dem Theater. Für schauspielerische Leistungen gibt es keine Vaterliebe. Doch die Kunst liegt der Familie offensichtlich im Blut: Ein Onkel des späteren Stars war der berühmte Bühnenschauspieler Walter C. Kelly (1873–1939), ein anderer der ebenso angesehene Schriftsteller und Pulitzer-Preisträger George Edward Kelly (1887–1974). Bei der Uraufführung eines seiner Bühnenstücke »The Torch Bearers« steht auch der Name der Nichte auf dem Besetzungszettel, offensichtlich hatte er ihre Karriere im Auge. Grace besucht die »Ravenhill Academy of the Assumption« in Philadelphia und die »Stevens School« in Cestnut Hill (Pennsylvania). Sie ist genau elf Jahre alt, als sie in dem Einakter »Bitte nicht füttern« ihr Schauspiel-Debüt hat. Das geschieht im »Old Academy Players of East Falls Theater« von Philadelphia. Von 1947 bis 1949 studiert sie an der »American Academy of Dramatic Art« in New York. Schon während ihrer Studienzeit profiliert sich die makellose Schönheit aus Philadelphia als Fotomodell und mit Nebenrollen beim Fernsehen. Zu Beginn ihrer künstlerischen Karriere spielt Grace Kelly mittlere Rollen an Sommertheatern, unter anderem am »Bucks County Playhouse«, in Fairmouth Park und in Denver (Colorado).

Grace Kelly genügt das angenehme Leben einer Oberschicht-Amerikanerin nicht, sie entscheidet sich für Bühne, Fernsehen und Film: Um nicht auf das Geld ihres Vaters angewiesen zu sein, arbeitet sie sehr erfolgreich als Fotomodell. Die fleißige und ehrgeizige Millionärstochter beginnt sehr bald, ihre »saubere« Schönheit zu vermarkten. Die Fotografen sind ganz begeistert von ihren makellosen Zähnen und ihrer glatten Haut, die auch bei Nahaufnahmen nie retuschiert werden müssen. Als »Miss sauberes Amerika« strahlt sie schon sehr bald von den Titelseiten so mancher Illustrierten. Gesund und sauber wirbt sie dann auch im zu dieser Zeit noch jungen amerikanischen Fernsehen für Staubsauger und Kosmetika. Werbeaufnahmen und TV-Spots bringen ihr 25 Dollar pro Stunde, und im Monat verdient sie durchschnittlich 400 Dollar. Doch sie kann sich nicht wirklich für die Werbespots begeistern. »Ich war grauenhaft«, sagt sie über eine Zigarettenreklame, die sie fürs Fernsehen gedreht hat. »Jeder, der mich Old Golds anpreisen sah, ist bestimmt auf Camels übergewechselt.«

»Es war nicht etwa so, dass sie Nymphomanin gewesen wäre, ganz und gar nicht. Dafür entdeckte ich keinerlei Anzeichen. Sie war ein normales Mädchen. Sie hatte nur einfach das unbändige Verlangen, von jemandem in die Arme genommen zu werden.« (Mark Miller)

Bei ihren Kommilitonen auf der Schauspielschule löst der Rummel um Grace nicht nur Begeisterung aus, sie ist nicht sonderlich beliebt, manche halten sie auch für überheblich und eingebildet. Ganz anders reagiert ihr siebenundzwanzigjähriger Dozent Don Richardson, ein verheirateter Mann, der allerdings von seiner Frau getrennt lebt. Er fühlte sich auf Anhieb zu dem jungen Mädchen hingezogen. Dem Kelly-Biografen James

Da Grace noch vier Jahre lang bei MGM unter Vertrag stand, wollte sie nach ihrer Hochzeit weiterhin Filme drehen, wobei »Warum hab ich ja gesagt!« der erste sein sollte. Rainier sah dies aber anders: »Keine Filme mehr für Miss Kelly!«

Spada schildert Don Richardson, bei dem der Beschützerinstinkt geweckt war, dass er sie schon bei der ersten Begegnung fragte, ob sie mit in seine Wohnung kommen wolle: »Sie sagte Ja, und so gingen wir zu mir nach Hause. Ich machte Feuer, und noch keine Dreiviertelstunde später waren wir zusammen im Bett. Es war ein erstaunlicher Anblick, ein Mädchen, so schön wie Grace, nackt in meinem Bett zu sehen, übergossen vom flackernden Schein des Kaminfeuers. Ich dachte bei mir: Mann, da hast du aber wirklich das große Los gezogen. In der Öffentlichkeit spielte sie eine gänzlich andere Rolle als privat. Der Unterschied war phänomenal. Sie war so etepetete, dass die Leute sie für eine Nonne hielten. Doch wenn wir allein waren, tanzte sie nackt für mich zu hawaiischer Musik. Und wenn Sie denken, das wäre kein umwerfender Anblick gewesen, dann ist Ihnen nicht zu helfen. Sie war sehr sexy. Ich verliebte mich in Grace, aus Gründen, die sehr verschieden waren von denen, die mich glauben machten, sie würde eines Tages ein großer Filmstar werden. Als ich Grace kennenlernte, da schien sie sehr hilflos, zerbrechlich und mitleiderregend. Sie hatte wahnsinnige Angst vor anderen Menschen, und mit sich selbst kam sie schon gar nicht zurecht. Ich hatte das Gefühl, ich müsse sie beschützen; sie brauchte jemanden, der sich um sie kümmerte. Sie hatte keine Freunde, bekam von daheim keinerlei Nestwärme. Und deshalb tat sie mir unendlich leid, fast so, als ob sie ein verlassenes Kind gewesen wäre.«

Grace erwidert Dons Zuneigung, wie James Spada schreibt, »und das nicht nur, weil ich sehr gut aussah, sondern weil ich als Jude für sie die verbotene Frucht war. Wir waren wie Yin und Yang – vollkommene Gegensätze. Und ich war für sie vermutlich so eine Art La Bohème. Wenn man im Wohlstand aufgewachsen ist, kann die Boheme schon reizvoll wirken.« Aber ihre Mutter will nicht, dass Grace sich mit »einem vom Theater« einlässt, schon gar nicht mit einem älteren Mann, einem New Yorker Intellektuellen, der obendrein Jude ist – von den Kellys erwartet man, dass sie katholische Ehen schließen. Schon bevor sie Richardson kennenlernte, entschied Mrs. Kelly, dass er für Grace nicht der Richtige sei. Die Liaison ist zwar nach vier Jahren vorüber, aber Grace und Richardson bleiben Freunde und stehen bis zum Lebensende der Fürstin in Briefwechsel.

Die Affäre zwischen einem Dozenten und einer Schülerin sorgt an der Schauspielschule für Gesprächsstoff, nur ihr Kommilitone Mark Miller ahnt nichts von dieser Romanze, obwohl er sich mit ihr noch weiter trifft, als Grace schon längst mit Richardson geht. Ironischerweise gerät Miller mit ihr in Streit, als er entdeckt, dass sie mit einem anderen ausgegangen war. Miller ist eifersüchtig auf einen Typen aus Philadelphia, offensichtlich neben Richardson und Miller der Dritte im Bunde mit Grace Kelly. Laut James Spada berichtete Mark Miller, Grace habe ihm erzählt, dass Ali Khan um ihre Hand angehalten habe; sie hätte ihm einen Korb gegeben, da zu diesem Zeitpunkt ihre Karriere das Wichtigste in ihrem Leben war: »Es war nicht etwa so, dass sie Nymphomanin gewesen wäre, ganz und gar nicht. Dafür entdeckte ich keinerlei Anzeichen. Sie war ein normales Mädchen. Sie hatte nur einfach das unbändige Verlangen, von jemandem in die Arme genommen zu werden. Was sie brauchte, dauernd brauchte, war die Bestätigung, dass sie lebte. Sie war getrieben von einem unstillbaren Hunger nach Liebe, und daran war ihre Familie schuld. Sie litt an einem Gefühl gähnender Leere, schrecklicher Einsamkeit, und sie kannte nur den einen Weg, diese Qual zu lindern.«

1949 schafft Grace Kelly den Sprung an den New Yorker Broadway, aber ihre Theater-Engagements sind nicht sehr erfolgreich. Dafür gelingt es ihr, mehrere Fernsehverträge abzuschließen: Sie spielt in über sechzig Fernsehfilmen mit. Einen der größten Erfolge hat sie mit ihrer Rolle in der Show »Bethel Merriday«. »TV-Playhouse«, eine andere Fernsehreihe, für die sie engagiert wurde, bot ein Programm von klassischen Dramen, das eigentlich nur eine bildungsbeflissene Elite ansprach. Einige Hollywood-Regisseure sahen sich gelegentlich diese Fernsehreihe an, wenn sie auf der Suche nach neuen Talenten waren. Auch Marlon Brando und James Dean wurden auf diese Weise »entdeckt«. Das Fernsehen hilft Grace, ihr schauspielerisches Können zu vervollkommnen, und allmählich erregt sie Aufsehen. In einem Artikel über »Das Fernsehen und seine Hauptdarstellerinnen« bringt die Zeitschrift *Life* sie groß heraus: In Netzstrümpfen als Varieté-Sängerin für eine Rolle aus »Lights Out« wirkt sie richtig sexy. Während Regisseur Sidney Lumet klagt: »Sie hat kein Feuer im Leib«, meint Fred Coe, einer ihrer TV-Regisseure: »Sie war kein x-beliebiges hübsches Ding, sie verkörperte Frische – die Art Mädchen, das jeder Mann sich als Frau erträumt.«

Ähnlich urteilt auch Regisseur Henry Hathaway, der Grace Kelly in einem Fernsehspiel sah und sie für eine Nebenrolle in seinem Psychodrama »Vierzehn Stunden« engagierte. An den Kinokassen wird der Film ein Reinfall, aber er bringt Grace Kelly einen Achtungserfolg bei der Filmindustrie ein. Produzent Stanley Kramer und Regisseur Fred Zinnemann offerierten ihr an der Seite von Gary Cooper eine Hauptrolle in dem Western »Zwölf Uhr mittags«. Und so dreht Grace Kelly nach fünf Jahren Studium und Lehrzeit ihren zweiten Spielfilm als Hauptdarstellerin. Nach diesem erfolgreichen Einstieg unterschreibt sie einen Siebenjahresvertrag bei »Metro-Goldwyn-Mayer« (MGM), die sie an andere Filmstudios – wie »Warner Brothers« oder »Paramount« – für 60.000 US-Dollar pro Film ausleiht. Der Beginn einer Traumkarriere: »›Ein Mädchen vom Lande‹ war der endgültige Beweis, dass sie mehr als nur schön ist«, urteilt

2005 belegte Grace Kelly Platz 13 auf der Liste der legendärsten Kinoschauspielerinnen, die das American Film Institute herausgab. Ihr Name befand sich zwischen Claudette Colbert und Ginger Rogers in guter Gesellschaft.

Time. »Das wohlerzogene Mädchen aus Philadelphia ist völlig überzeugend als die schlampige, verbitterte Frau des alternden, trinkenden Operetten-Idols Bing Crosby. Schlaff schlurft sie einher, ihr glänzendes Haar stumpf, ihre Brille hochgeschoben, ihre Unterlippe mürrisch vorgestreckt, Groll in jedem Hängenlassen der Schultern, in jedem Baumeln der Arme ausdrückend.«

Nicht mal die Krönung durch den Oscar entlockt ihrem Vater ein Lob. Nur die Möglichkeit, durch die Heirat seiner Tochter den Anschluss an den Adel zu finden, erscheint dem neureichen Bauunternehmer reizvoll. Für Grace gibt es in Hollywood nichts mehr zu gewinnen. Sie verlobt sich mit Fürst Rainier von Monaco, und ihre Heirat wird die »Hochzeit des Jahrhunderts« – aus Grace Kelly wird Fürstin Gracia Patricia. Was Marilyn Monroe ihrer Kollegin kurz vor dem großen Tag mit auf die Reise nach Europa gibt, wirft kein gutes Licht auf das Arbeitsklima in Hollywood. »Freut mich, dass du den Weg aus diesem Business gefunden hast«, schreibt die Schauspielerin der verliebten Grace Kelly, kurz bevor diese ihre Koffer packt und die *S.S. Constitution* in New York besteigt, um in ihr neues Leben zu schippern.

»Sie sprach über den Sinn des Lebens und darüber, wie bedeutungslos das Leben wäre, gäbe es keinen Schmerz. Es war eine ganz eigentümliche Atmosphäre. Sie war eine einsame Frau.«
(Robert Dornhelm)

Einer Fürstin steht es nicht an, als Schauspielerin zu arbeiten, befand Rainier – und Gracia hält sich daran. Obwohl sie noch im März 1955, ein gutes Jahr vor ihrer Hochzeit, betont hatte, dass ihr die Karriere wichtiger sei als die Ehe. »Wenn ich jetzt aufhöre«, soll sie gesagt haben, »dann würde ich mich womöglich mein Leben lang mit dem Gedanken quälen, welch große Schauspielerin ich hätte werden können.« Dem Nachrichtenmagazin *Newsweek* zufolge hoffte Alfred Hitchcock, dass Grace Kelly die Hauptrolle in seinem Spionage-Thriller »Der Mann, der zu viel wusste« übernehmen würde. Vergeblich bat Hitchcock um die Rückkehr seiner Schönen, über die er einmal sagte, er brauche außer ihr keine andere Schauspielerin mehr. Und sie habe sich seinen Wünschen als Regisseur am besten gefügt. Hitchcock betrachtete die Hochzeit von Rainier und Grace eher als Nebensache, und die Einladung zu ihr, vielleicht die begehrteste jenes Jahrzehnts, lehnte er ab.

Der erzwungene Verzicht auf ihre weitere Filmkarriere wird zu einem Lebenskonflikt, an dem sie fast zerbrach. 1962 löst sie fast eine monegassische Staatskrise aus, als sie erwägt, für Alfred Hitchcock als »Marnie« vor die Kamera zurückzukehren. »Würde sie den Hauptdarsteller Sean Connery küssen müssen?«, fragt sich die Presse bang. Und in der Stimme des Volkes kündigt sich Empörung an: »Ich könnte keine Achtung mehr vor ihr haben, wenn sie nach Hollywood ginge.« – »Können Sie sich Präsident Kennedy auf der Leinwand vorstellen?« Gracia Patricia passt sich schließlich ihrer restriktiven Umgebung an und bleibt, wo sie ist. Und Hitchcock sucht sich für seine Marnie eine andere Blondine, Tippi Hedren, die er als Film-Pygmalion nach dem Vorbild der Kelly umformt. Im Nachrichtenmagazin *Der Spiegel* wird Hitchcock am 4. Juli 1962 allerdings so zitiert: »Ich habe die Besprechungen selbst abgebrochen. Grace wollte das Drehbuch ändern, den Liebesszenen mehr Würde geben, ihren Partner selber aussuchen, der Presse das Betreten des Ateliers verbieten und die Filmmusik bestimmen.«

Auch in den Jahren danach lehnt die Fürstin fast alle Angebote für Bühne und Film ab. 1977 bietet sich ihr abermals die Gelegenheit, in einem Film mitzuwirken – diesmal freilich nicht als Schauspielerin, sondern als Moderatorin. Robert Dornhelm hat einen Dokumentarfilm über das Waganowa-Institut gedreht, jene nach der berühmten Tanzpädagogin benannte Leningrader Ballettschule, aus der einige der größten Tänzer der Welt hervorgegangen sind. »The Children of Theatre Street« heißt dieser Streifen, und sowohl Dornhelm als auch der Produzent wünschen sich eine namhafte Persönlichkeit für den Vortrag der erläuternden Texte. Paul Newman und Joanne Woodward sind im Gespräch, als bekannt wird, dass die Ballettschule von Monaco in Würdigung ihrer Verdienste um das Institut nach Fürstin Gracia Patricia umbenannt worden sei. Da das monegassische Ballett eng mit dem russischen verbunden ist, scheint die Fürstin die ideale Besetzung zu sein. Auch Fürst Rainier ist der Meinung, dies sei ein angemessenes Projekt für Grace Kellys Comeback vor der Kamera. Dornhelm reist nach Monaco, wo er die Fürstin erst auf der Bühne des Opernhauses von Monte Carlo und dann auf einer Jacht im Hafen filmt. Der Film wird von der Kritik bejubelt, hat zwar an der Kinokasse nur mäßigen Erfolg, erzielt aber eine Oscar-Nominierung als bester Dokumentarfilm des Jahres 1977.

Im Mai 1979 arbeitet Grace erneut mit Dornhelm zusammen; diesmal filmt er ihren jährlichen Blumenbindewettbewerb in Monaco. Die Fürstin hat sich schon lange mit dem Plan getragen, dieses festliche Ereignis, das ihr ganz besonders am Herzen liegt, auf Zelluloid zu bannen. Doch einen reinen Dokumentarfilm wünscht sie nicht, gemeinsam mit der französischen Romanautorin Jacqueline de Monsigny und Dornhelm entsteht die Idee, dass ein skurriler Astrophysiker die Hauptrolle spielt, der nach Monte Carlo kommt, um eine Gastvorlesung zu halten, aber durch eine Reihe von Missverständnissen beim Blumenbindewettbewerb landet.

»Als Schauspielerin erhellte Grace Kelly die Leinwand durch ihre natürliche Eleganz. Als Fürstin Gracia von Monaco nahm sie sogar eine noch größere Rolle an, bei der sie eine großartige Erhabenheit und Ruhe ausstrahlte. Ihre Haltung war königlich, sogar schon, bevor sie Prinzessin wurde. Ihr angeborener Sinn für Mode half ihr sehr und sorgte dafür, dass sie zu einer Ikone wurde. Sie war ein Original.«

Pamela Fiori, Chefredakteurin der Zeitschrift *Town & Country*

Der Film trägt den Titel »Rearranged«: Gracia Patricia spielt darin sich selbst, und Edward Meeks, der Mann von Jacqueline de Monsigny, mimt den Astrophysiker. Für diesen Streifen steht Grace zum letzten Mal vor der Kamera.

»In der Schlusssequenz des Films«, erzählt Dornhelm, »ist Grace fünf Minuten lang einfach nur sie selbst. Ich weiß eigentlich auch nicht, warum ich die Szene so ausgedehnt habe; wahrscheinlich hatte ich bloß den Wunsch, so viel von ihrer Ausstrahlungskraft einzufangen wie nur irgend möglich. Irgendwie ist das im Nachhinein fast gespenstisch. Hier hat sie zum letzten Mal vor der Kamera gestanden, und manche Momente beleuchten ihre Persönlichkeit in nie gekannter Schärfe – etwa wenn sie allein vor dem Palast steht und auf ein vorbeifahrendes Schiff hinunterblickt, oder wenn sie eine Blume pflückt, ganz allein, sehr traurig. Sie sprach über den Sinn des Lebens und darüber, wie bedeutungslos das Leben wäre, gäbe es keinen Schmerz. Es war eine ganz eigentümliche Atmosphäre. Sie war eine einsame Frau.«

1982 vertraut Gracia Patricia ihrem Freund Robert Dornhelm an, sie glaube, ihr Mann werde ihr nun bald gestatten, wieder in einem Spielfilm mitzuwirken. Hocherfreut über diese unerwartete Aussicht schickt er ihr ein Exemplar von Gore Vidals 1952 erschienenem Buch *A Search for the King* und fragt an, ob sie in der Verfilmung dieser Vorlage unter seiner Regie die Hauptrolle spielen wolle. Grace ist begeistert und schreibt an Dornhelm: »Du wirst ein paar grundlegende Änderungen vornehmen müssen, denn die Liebesgeschichte ist nicht recht glaubhaft – ich weiß nicht, ob das daran liegt, dass Gore Vidal der Autor ist, doch Du solltest auf jeden Fall dran arbeiten.« Dieser Film hätte ein guter Start für ein Comeback werden können, aber als Robert Dornhelm den Brief erhält, ist Gracia Patricia schon tot.

»Hinter diesem kühlen Äußeren lodert ein glühendheißes Feuer ... In Hollywood, wo nur dumme Gören und Strauchdiebe herumlaufen, ist eine richtige Lady sehr selten. Das macht Grace Kelly zum gefährlichsten Spiel in der heutigen Filmwelt.«
Movie Life 1955

»Grace hatte mehr Liebhaber in einem Monat als ich in meinem ganzen Leben.«
Zsa Zsa Gabor, Schauspielerin

»Über sie zu schreiben ist so, als würde man versuchen, 115 Pfund Rauch einzupacken.« Pete Martin, Reporter der *Saturday Evening Post*

Die Bewohner Monacos sorgen stets dafür, dass frische Blumen das Grab von Fürstin Gracia schmücken.

»Die Jungs kamen aus dem Krieg zurück, und sie hatten dunkelhaarige Japanerinnen und dunkelhaarige Italienerinnen gesehen. Grace war eine große Blondine, das durch und durch amerikanische Mädchen, das zu Hause auf sie wartete und nach der sich alle gesehnt hatten.« Don Richardson, Grace Kellys Schauspiellehrer, ehemaliger Geliebter und Vertrauter

Grace liebte klassisches Ballett, als Teenager hatte sie eine Tanzausbildung bekommen. Sie unterstützte später mehrere Tanzeinrichtungen, wie etwa die Ballettschule Académie de Danse Classique, gegründet von Marika Besabrasova in Monaco.

»Wenn sie zu den Frauen gehören würde, die davon überrascht wären, einen Oscar zu gewinnen, wüsste ich nicht, ob sie zu den Frauen gehören würde, die jemals losgezogen wären, um Schauspielerin zu werden.« Virginia Darcy, Grace Kellys Haarstylistin bei MGM

»Ich sagte ihr, dass ihre Schönheit hervorgeholt werden müsse wie bei einem wundervollen Diamanten, in ganz schlichter Umgebung. Ich habe den Grace-Kelly-Look für sie geschaffen.«

Oleg Cassini, Modeschöpfer

»Nur Grace Kelly hätte Grace Kelly schaffen können. Sie muss das Konzept dafür schon im Kopf gehabt haben.«
John Foreman, Produzent

Grace Kelly feierte am 16. November 1949 ihr Debüt am Broadway in einer Neuaufführung von Strindbergs Stück »Der Vater«. Darin spielte sie Bertha, die Tochter des Kapitäns. Das Stück wurde nach 69 Vorstellungen abgesetzt.

»Ich musste einfach in ›Ein Mädchen vom Lande‹ mitspielen. In dem Film gab es eine Rolle für mich, bei der ich mein ganzes Talent zeigen konnte. Es gab Filme, in denen musste ich schauspielern, aber ich hatte dabei schöne Kleider und Dessous oder glamouröse Aufbauten, die mich unterstützten. Und oftmals war ich auch bloß der weibliche Hintergrund für die männlichen Stars, die das Geschehen und die Geschichte trugen.« Grace Kelly

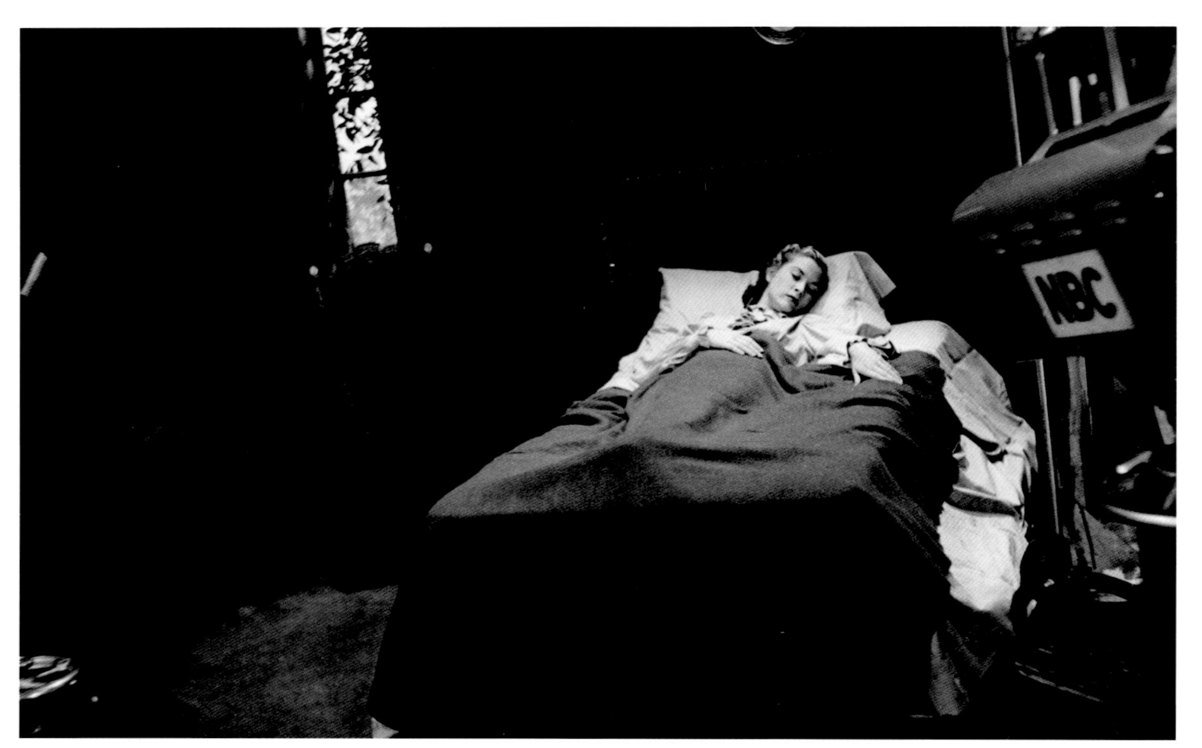

»Es war, als würde man am Rande eines Abgrunds arbeiten! Ich werde nie vergessen, wie ich eine Szene im Bett gespielt habe, bei der ich gänzlich angezogen unter der Bettdecke lag. So war ich gleich vorbereitet, um die nächste Szene mit Bekleidung zu spielen. Aber die Kamera hat nicht rechtzeitig aufgehört zu filmen, und sie haben den Rest auch nicht herausgeschnitten – da war ich nun auf der Leinwand, wie ich in voller Montur aus dem Bett stieg!« Grace Kelly

Grace Kelly in einem der vielen Fernsehspiele, in denen sie am Anfang ihrer Karriere mitgewirkt hat.

Grace wurde 1950 von der Zeitschrift *Theater World* als eine der zwölf vielversprechendsten Broadway-Schauspieler ausgewählt.

»Die oberen Zehntausend« war Grace Kellys erstes Musical und ihr letzter Spielfilm. Sie hatte nur drei Monate Zeit für die Dreharbeiten. Hier Grace Kelly bei den Dreharbeiten des Films »Der Schwan«.

Während ihrer Zeit an der Academy Of Dramatic Arts arbeitete Grace Kelly als Werbemodell für Print- und Fernsehmedien. Bei ihrem ersten Job versprühte sie Insektengift in einem Zimmer. Grace verdiente bald 400 Dollar im Monat als Werbefigur für Haushaltsgeräte und Zigaretten.

Fotografin Grace Kelly und der Kameramann mit dem Belichtungsmesser.

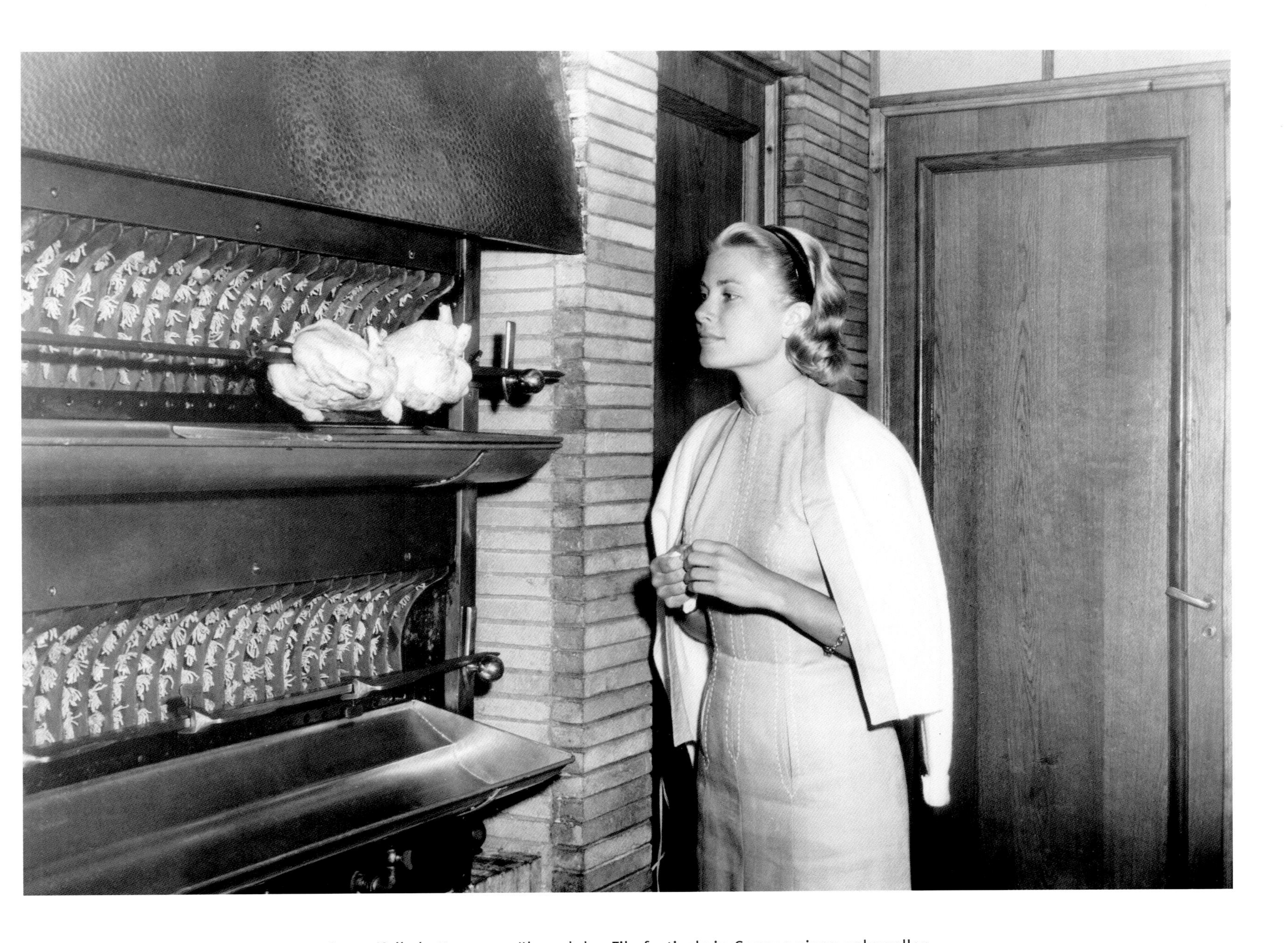

Grace Kelly hatte 1955 während des Filmfestivals in Cannes einen sehr vollen Terminkalender. Das Oberhaupt eines kleinen Fürstentums zu treffen, kam ihr sinnlos vor. »Ich weiß immer noch nicht, warum es so wichtig sein soll, den Fürsten kennenzulernen, aber wenn alle es für eine so gute Idee halten, werde ich es tun.« Sie hatte in Anwesenheit von Reportern der Zeitschrift *Paris Match* mehrfach gesagt: »Sagt das Treffen mit dem Fürsten ab!«

»Als unverheiratete Frau hielt man mich für eine Gefahr. Andere Frauen betrachteten mich als Rivalin, und das war sehr schmerzhaft.« Grace Kelly

»Ich möchte nicht, dass Filme nur mit meinem Gesicht geschmückt werden. Wenn jemand versucht, mich als Szenerie zu benutzen, werde ich etwas dagegen unternehmen.« Grace Kelly

Grace besaß in ihrem Leben viele Hunde, darunter einen Weimaraner (siehe Bild) und ihren geliebten Pudel Oliver. Grace und Rainier erlaubten ihren Dobermännern, ihr Fressen im königlichen Speisezimmer zu sich zu nehmen, während das Fürstenpaar ebenfalls dort aß.

Anderthalb Jahre, nachdem Grace Kelly den Vertrag bei MGM unterzeichnet hatte, wirkte sie in vier Kinofilmen mit, aber davon war nur »Mogambo« für MGM gedreht worden. Grace hat als Leihgabe an andere Studios in den Filmen »Bei Anruf Mord«, »Das Fenster zum Hof« und »Ein Mädchen vom Lande« (1954) mitgespielt.

»Man hat mir vorgeworfen, kalt, aufgeblasen und distanziert zu sein. Ich finde nicht, dass ich das bin. Ich glaube einfach, dass es nicht zu viel verlangt ist, dass auch ich ein Privatleben haben möchte.«

Grace Kelly

Im Dezember 1955 war Grace Kelly die erfolgreichste Schauspielerin in Hollywood. Sie verdiente mehr als jede andere ihrer Kolleginnen, und auch bei den Herren wurde nur ihr enger Freund Jimmy Stewart besser bezahlt als sie.

Während der Dreharbeiten zu »Die oberen Zehntausend« vertrieb Grace sich die Zeit, indem sie sich selbst Französisch beibrachte und Kostümproben für Hochzeitskleider machte. John Fredericks, einer der berühmtesten Hutmacher in Hollywood, entwarf persönlich einen Hut für sie. Februar 1955: Grace Kelly und Hut-Designer John Fredericks in Hollywood.

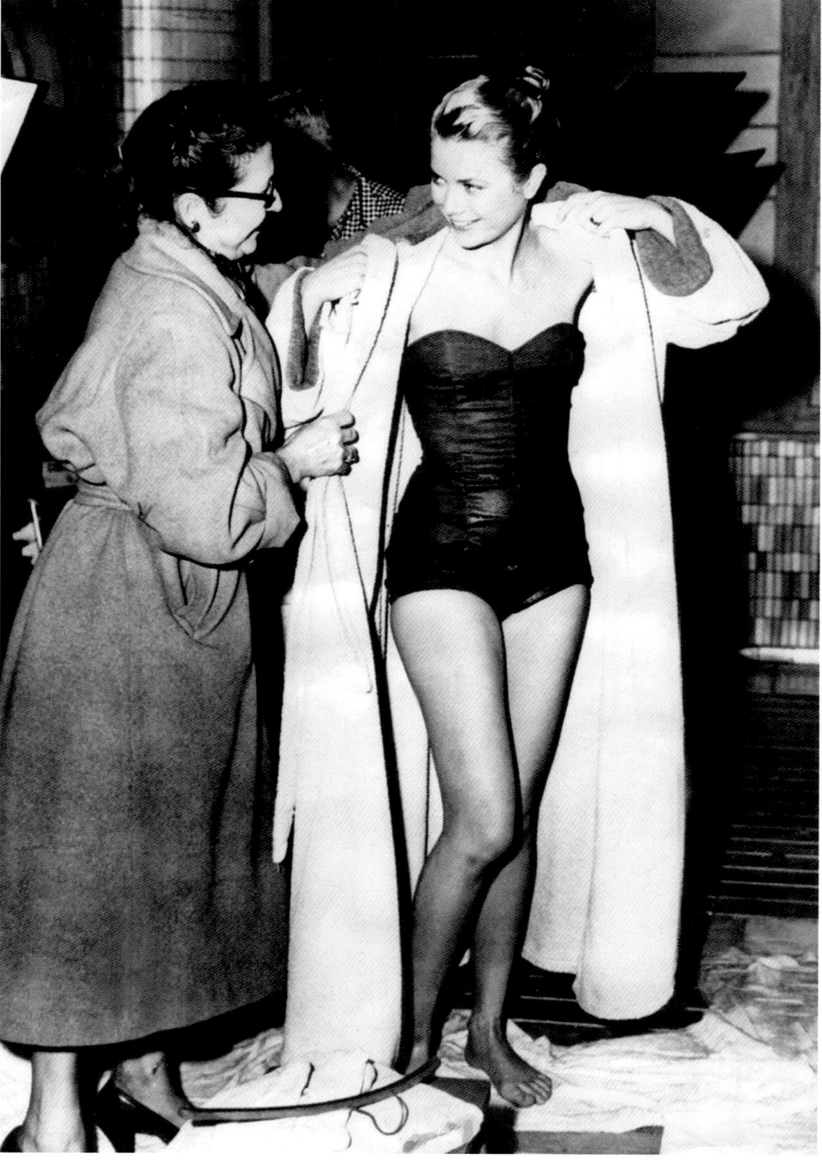

Im Film »Die Brücken von Toko-Ri« war Grace Kelly zum ersten Mal in einem Badeanzug auf der Leinwand zu sehen. Sie trug nie einen Bikini in einem ihrer Filme. Auf dem Foto: Badeanzug-Anprobe für Grace Kelly im Jahr 1955.

»Die Ärzte machten alle möglichen Tests mit ihr, um sicherzugehen, dass sie einen Thronfolger für Monaco gebären konnte. Sie war außer sich wegen der Tatsache, dass durch den Test herauskommen könnte, dass sie keine Jungfrau mehr war, weil der Fürst glaubte, dass sie eine sei.« Don Richardson

Ab Februar 1955 drehte Grace innerhalb von anderthalb Jahren sechs Filme. »Das ist für ein Mädchen wie mich eine ganze Menge!«, sagte sie zu Rupert Allan, einem Freund und Redakteur der Zeitschrift *Look*. Dennoch konnte er sie überreden, im Frühjahr ihre schicksalhafte Reise zum Filmfestival nach Cannes anzutreten. Foto: Grace Kelly im Februar 1955 in New York City.

Grace ließ 1955 die Darbietungen von Judy Garland (»Ein neuer Stern am Himmel«), Audrey Hepburn (»Sabrina«), Jane Wyman (»Die wunderbare Macht«) und Dorothy Dandridge (»Carmen Jones«) hinter sich und wurde mit dem Oscar in der Kategorie »Beste Darstellerin« für ihre Rolle in »Ein Mädchen vom Lande« ausgezeichnet.

1956 hatte sie ihren letzten Auftritt in Hollywood vor ihrer Hochzeit bei der Oscarverleihung, wo sie den Preis für den besten Schauspieler übergab. Dass sie im Mittelpunkt der Aufmerksamkeit stand, kommentierte sie mit: »Aber ich habe doch gar nichts gewonnen!« Einer der Reporter widersprach: »Natürlich haben Sie das, Sie haben den Fürsten gewonnen!«

Sieger unter sich im März 1955: Marlon Brando, der für seine Rolle in »Faust im Nacken« mit dem Oscar ausgezeichnet wurde, hält Grace Kelly nach der Preisverleihung im Arm. Grace Kelly erhielt die begehrte Trophäe für ihre Rolle in »Ein Mädchen vom Lande«.

Grace stimmte widerwillig zu, im Mai 1955 zum Filmfestival nach Cannes zu fahren. Dort organisierte die französische Zeitschrift *Paris Match* ein Fotoshooting mit ihr und Fürst Rainier III. von Monaco. »Prinz Charming trifft auf Filmkönigin!«, lautete später eine Überschrift in der Zeitschrift. Foto: Filmfestspiele in Cannes 1955 – Grace Kelly und Wasserprinzessin Esther Williams.

Alfred Hitchcock hoffte, Grace für die weibliche Hauptrolle neben James Stewart in dem Remake von »Der Mann, der zu viel wusste« gewinnen zu können, aber sie geriet mit MGM in Streitigkeiten. Die Firma suspendierte sie für den Rest des Jahres 1954 und hob das Arbeitsverbot erst auf, als man erkannte, wie peinlich es für MGM werden würde, wenn Grace in jenem Jahr einen Oscar gewinnen sollte. Hitchcock entschied sich schließlich für Doris Day.

Grace Kelly besucht Alfred Hitchcock 1956 bei den Dreharbeiten zu »Der Mann, der zu viel wusste«.

Jay Kanter war Grace Kellys Agent und gleichzeitig ein guter Freund. Seine Ehefrau war eine von Grace Kellys Brautjungfern. 1976 machte er Grace das Angebot, die erste Frau im Vorstand von 20th Century Fox zu werden.

Graces kleiner schwarzer Pudel Oliver – ein Geschenk von Cary Grant –, den sie von Anfang an ins Herz geschlossen hatte, war 1955 ihr ständiger Begleiter.

»Ich mag all diese Spinner nicht, mit denen sie ausgeht. Ich wünschte, dass sie mit athletischeren Typen ausgehen würde.«
John Kelly jr., Grace Kellys Bruder

Grace hatte ein kurzes Techtelmechtel mit dem Schauspieler David Niven, aber es blieb bei einer lebenslangen Freundschaft. Niven und seine Ehefrau waren öfters zu Gast im Fürstenpalast. Bei einem Treffen fragte ihn Rainier, mit welcher Hollywoodkollegin er sein schönstes Rendezvous hatte. »Mit Grace«, sagte David. »Gracie. Gracie, ähm, Fields.«

Mehr als nur gute Freunde: Grace Kelly und David Niven.

Bei Grace Kelly und Jean-Pierre Aumont hat es gleich zweimal gefunkt: bei den Dreharbeiten zu einem Fernsehspiel 1953 in den USA und bei den Filmfestspielen in Cannes 1955.

»Ich glaube nicht, dass Grace verliebt war. Sie hatte gar nicht die Zeit, um richtig verliebt zu sein. Sie war viel mehr in andere Menschen verliebt als in Rainier, als sie sich zum ersten Mal sahen. Aber zwischen den beiden herrschte eine große Anziehungskraft. Davon abgesehen, weiß ich nicht, warum sie sich so schnell entschlossen hatte, ihn zu heiraten.«
Grace Kellys Schwester Lizanne LeVine

Zu den zahlreichen Publicity- und Fototerminen im Jahr 1956 gehörte auch die Verleihung dieser Silbermedaille, die Grace vom US-Finanzministerium für ihren Beitrag zu einem Werbefilm für Sparbriefe erhalten hatte.

Sogar der andere berühmte Kelly, Gene, besuchte die Fürstin im Palast in Monaco. Später trat er in der Oper in Monte Carlo auf.

Kelly-Treffen: In der Liste der Hollywood-Superstars steht Grace Kelly auf Platz 13 bei den Frauen und Gene Kelly auf Platz 15 bei den Männern. Sie heißen zwar beide Kelly, sind aber nicht miteinander verwandt.

Modeschöpfer Oleg Cassini versuchte monatelang, mit Grace Kontakt aufzunehmen und ihr Herz zu gewinnen. 1954, kurz bevor sie mit den Dreharbeiten zu »Über den Dächern von Nizza« begann, schickte sie ihm eine Postkarte mit der Aufforderung: »Diejenigen, die mich lieben, folgen mir.« Also folgte Oleg ihr nach Frankreich. Grace Kelly flirtete nicht nur mit Oleg Cassini, dem charmanten Spross italo-russischen Adels, sie hatte sich sogar mit ihm verlobt.

Grace und Oleg führten eine sehr öffentliche Beziehung, wovon Grace Kellys Eltern ganz und gar nicht begeistert waren. Oleg war 16 Jahre älter als sie, hatte bereits Kinder und war geschieden. Laut Oleg war das Paar »heimlich verlobt. Wenn wir wieder in die Vereinigten Staaten zurückgekehrt sein würden, wollte Grace ihre Mutter von uns überzeugen, die wiederum ihren Vater überzeugen sollte. Grace sah darin keine Schwierigkeit.« Einen Tag vor der Bekanntgabe ihrer Verlobung mit dem Fürsten Rainier gab Grace Kelly dem Modeschöpfer Oleg Cassini den Laufpass.

Es wurden einige Brautpartys für Grace organisiert, wie etwa von Dorothea Sitley, der Leiterin der Reklameabteilung vom Gimbels Department Store. Dorothea Sitley war eine der engsten Freundinnen von Grace Kelly und beriet sie im März 1956 bei der Zusammenstellung der Garderobe für ihr zukünftiges Leben als Fürstin von Monaco.

»Unsere Mutter achtete strengstens darauf, dass wir uns dem Anlass gerecht kleideten. Ich bin mir sicher, dass ihr Einfluss auf gewisse Weise verantwortlich für Grace Kellys weiße Handschuhe war – und für die Hüte. Sie liebte Hüte!«

Grace Kellys Schwester Lizanne LeVine

Nicht ohne Hut: Schwester Peggy, Grace Kelly und ihre Mutter bei Einkäufen im März 1956 in New York City.

Abschied von den USA: Grace Kelly gab am 4. April 1956 eine letzte Pressekonferenz an Bord der *S.S. Constitution*, die sie zur Hochzeit nach Monaco brachte. Grace verabschiedete sich aus den USA sowie von einigen hundert Mitgliedern der Presse. Die Reporter notierten sich jedes kleine Detail von Grace Kellys Kleidung, sogar ihre nahtlosen Strümpfe.

Etwa 80 Personen – unter anderem Familienmitglieder, Freunde und Mitarbeiter – begleiteten Grace an Bord der *S.S. Constitution* nach Monaco. Pressemitarbeiter dokumentierten jede ihrer Bewegungen, wie etwa hier beim Shuffleboard mit ihren Nichten.

Grace Kellys Eltern kämpften darum, die Hochzeit in ihrer Kirchengemeinde Saint Bridget's in Philadelphia stattfinden zu lassen. Letztendlich fügten sie sich der Fürstenfamilie.

Grace Kelly in Gesellschaft ihrer Eltern an Deck der *S.S. Constitution*.

Sehnsucht nach Hollywood. Nach dem Besuch der Universal Studio Tour im August 1967 schaute Gracia Patricia bei den Dreharbeiten des Films »The Pink Jungle« vorbei: Schauspielerin Eva Renzi, Prinz Albert, Prinzessin Caroline, Gracia, Schauspieler George Kennedy und Regisseur Delbert Mann. Auch wenn Grace keinen weiteren Kinofilm mehr drehte, wurde sie in Hollywood nie vergessen.

»Ich liebe Grace Kelly. Nicht weil sie eine Fürstin war, nicht weil sie Schauspielerin war, nicht weil wir befreundet waren, sondern weil sie die liebenswürdigste Lady war, die mir jemals begegnet ist.«

James Stewart in seiner Grabrede auf Grace Kellys Beerdigung.

Wiedersehen Anfang der 1980er Jahre: James Stewart und Grace Kelly.

Die Fürstin blieb weiterhin ein gefragtes Objekt für die Medien. Sie gab viele exklusive Interviews. Im Jahr 1973 war Gracia Patricia in der »Mike Douglas Show« zu Gast.

SEHNSUCHT, HINGABE UND LEIDENSCHAFT

Die Filme der Grace Kelly

»Diese Grace Kelly ist ein hübsches Ding. Aber so scheu! Wie schade, dass nie etwas aus ihr werden wird.« Dieses Fehlurteil stammt von John Cassavetes, der 1947 gleichzeitig mit Grace Kelly die American Academy of Dramatic Arts in New York besuchte und später als Schauspieler (in »Rosemaries Baby«) und Regisseur (bei »Gloria, die Gangsterbraut«) Karriere machte. Zur Ausbildung gehörten auch Stegreiftheater und Pantomime, und einmal wurde Grace Kelly losgeschickt, im Zoo ein Lama zu beobachten, um dann Gestik, Mimik und Bewegungen des Tiers vorzuführen: »Ich habe nie ganz verstanden, warum ein Schauspieler ein Lama nachahmen muss, es gibt kein Theaterstück auf der ganzen Welt, in dem ein Lama vorkommt. Aber da es die Lehrer auf der Academy so angeordnet haben, war es wohl für die Ausbildung sehr wichtig«, meinte Grace Kelly später.

Wenn das Nachahmen eines Lamas für ihre weitere Entwicklung als Schauspielerin auch keinen Nutzen brachte, so konnte sie doch von einer anderen Fertigkeit, die an der Schauspielschule auf ihrem Stundenplan stand, Jahre später profitieren: Der Fechtunterricht zahlte sich aus, als sie in dem Film »Der Schwan«, den sie 1956 mit Alec Guinness drehte, mit dem Florett umgehen musste. Nach der Schauspielschule war ihr Start alles andere als leicht: Wenn sich Grace Kelly zum Vorsprechen einfand, war sie dem einen zu groß, dem anderen zu knochig. Oder sie war zu dick oder zu dünn. Ausgerechnet Äußerlichkeiten brachten ihr dann 1949 das erste Broadway-Engagement ein. Wie Kelly-Biografin Gwen Robyns herausgefunden hat, »heißt es, sie habe die Rolle der Tochter Bertha in Strindbergs Drama ›Der Vater‹ nur bekommen, weil sie von der Körpergröße her so gut zu den beiden Hauptdarstellern Raymond Massey und Mady Christians passte«. Allerdings war ihr erstes Broadway-Stück kein Erfolg, nach nicht mal siebzig Vorstellungen wurde es abgesetzt.

Fast zwei Jahre bekam Grace Kelly danach kein neues Bühnen-Engagement, doch sie war deshalb nicht arbeitslos. Die frühen 1950er Jahre waren in den USA die goldene Zeit des Fernsehens: Fast an jedem Abend wurden Stücke live ausgestrahlt. Jungen Schauspielern bot sich hier ein neues Aufgabenfeld. Der gute Eindruck, den Grace in »Der Vater« gemacht hatte, verhalf ihr zu bedeutenden Rollen in Programmen wie »Studio One«, »Robert Montgomery Presents«, »Lights Out«, »Kraft Playhouse«, »Lux Video Theatre«, »The Somerset Maugham Theatre«, »Hallmark Hall of Fame« und »Philco Television Playhouse«. In der »Ed Sullivan Show« trat sie sogar mit einer Tanz- und Gesangsnummer auf. Innerhalb von zwei Jahren war sie an über sechzig Fernsehsendungen beteiligt. Damit gehörte Grace Kelly zu den Pionieren unter den Fernsehdarstellerinnen, außerdem verbesserte sie dabei unermüdlich ihr schauspielerisches Können.

Ein paar Stufen höher auf der Karriereleiter ging es für Grace Kelly erst, als sie von Edith Van Cleve, der Managerin der einflussreichen Music Corporation of America, unter Vertrag genommen wurde, zu deren Schützlingen unter anderem der Neuling Marion Brando gehörte. Edith Van Cleve versuchte sofort, sie in Hollywood unterzubringen. Es gelang ihr, Grace Kelly eine kleine Rolle in dem von Henry Hathaway inszenierten Thriller »Vierzehn Stunden« (1951) zu verschaffen. Dieser von der 20th Century Fox produzierte Streifen stützte sich auf eine wahre Begebenheit: Ein junger Mann namens Robert Cosick ist in einem New Yorker Hotel auf einen Sims geklettert, um sich in die Tiefe zu stürzen. Auf seinem morgendlichen Dienstgang bemerkt der Polizist Dunnigan den Lebensmüden und rast in dessen Hotelzimmer, um ihn von seinem Vorhaben abzubringen. So beginnt eine dramatische Rettungsaktion, die sich bis in die Nacht ausdehnt und an der Kommissar Moksar, die Eltern von Cosick sowie seine Ex-Verlobte Virginia beteiligt sind. Regisseur Henry Hathaway gab Grace Kelly die Rolle der Mrs. Fuller, einer modebewussten jungen Frau, die mit ihrem Anwalt die Scheidungsformalitäten bespricht, als das Drama um Leben und Tod seinen Anfang nimmt. Die hautnahe Begegnung mit der Zerbrechlichkeit des Lebens löst bei der Frau eine Sinnesänderung aus: Sie wird versuchen, ihre Ehe fortzusetzen.

Zwar wurde »Vierzehn Stunden« an den Kinokassen ein Flop, aber für Grace Kelly war es der Türöffner für Hollywood. Während der Dreharbeiten lernte sie das Hollywood-Idol Gary Cooper kennen, der sich von ihr beeindruckt zeigte: »Ich fand sie hübsch, man sah, dass sie was Besonderes war, und ich dachte, aus der wird vielleicht eines Tages mal was. Sie wirkte gebildet und so, als käme sie aus einer guten Familie. Auf jeden Fall war sie eine erfrischende Abwechslung nach all diesen Sexbomben, derer man allmählich überdrüssig wurde.« Die Wege von Grace Kelly und Gary Cooper sollten sich bei dem Western »Zwölf Uhr mittags« (1952) von Fred Zinnemann wieder kreuzen. Zuvor machte sie aber Probeaufnahmen für den Film »Taxi« von Gregory Ratoff, die Rolle ging dann allerdings an Constance Smith. Doch die Probeaufnahmen verhalfen Grace Kelly indirekt zu zwei anderen Rollen, mit denen ihr Aufstieg zum Hollywood-Star begann: In ihrem zweiten Kinofilm »Zwölf Uhr mittags« spielte sie ihre

»Sie hat die innere Einstellung, dass sie ganz ruhig bleibt, wenn sie an einer schlechten Situation nichts ändern kann. Wenn sie etwas daran ändern kann, dann bleibt sie nicht ruhig. Das ist eine fantastische Lebensphilosophie.«

Stewart Granger, Schauspieler

Kaffeepause am Set.

erste Hauptrolle. Produzent Stanley Kramer erinnert sich: »Ich sah sie in einer Off-Broadway-Produktion. Sie war sehr hübsch und sehr vornehm, und ich engagierte sie auf eigene Verantwortung. Vermutlich bedurfte das einer gewissen Arroganz, doch ich war überzeugt, sie sei die Richtige für die Rolle.« Regisseur Zinnemann wurde ein Foto von Grace Kelly vorgelegt, und auch er war beeindruckt: »Sie war ein neues Gesicht, und schon auf dem Foto verriet sie die Art Klasse, die mir wichtig schien ... irgendwie gehemmt, sehr prüde und sehr jungfräulich.«

Regisseur John Ford wollte Grace Kelly für eine Hauptrolle an der Seite von Clark Gable und Ava Gardner in dem Abenteuerfilm »Mogambo« (1953) besetzen, dabei hatte ihn ihre Darstellung in »Zwölf Uhr mittags« überhaupt nicht beeindruckt: »Alles, was sie tat, war, einen Kerl in den Rücken zu schießen. Cooper hätte ihr einen Tritt in den Hintern geben und sie in den Osten zurückschicken sollen.« Doch als er die Probeaufnahmen für den Film »Taxi« gesehen hatte, war sein Interesse geweckt, er machte Probeaufnahmen in Farbe und war begeistert: Grace Kelly bekam nicht nur die Rolle, sondern auch einen Siebenjahresvertrag bei MGM. Für »Mogambo« wurde Grace Kelly für den Oscar nominiert, den sie aber erst für den nächsten Film, »Ein Mädchen vom Lande« (1954) von George Seaton, bekam, wo sie die Frau eines Alkoholikers spielte.

Starregisseur Alfred Hitchcock wurde auf Grace Kelly aufmerksam, sie wurde zu seiner Muse. In drei Hitchcock-Filmen spielte sie die Hauptrolle: Ihre Zusammenarbeit begann mit »Bei Anruf Mord« (1954). Die Handlung spielt fast ausschließlich in einem Raum; Regisseur und Kameramann experimentierten mit neuen 3D-Aufnahmemöglichkeiten. Der Regisseur schätzte die Qualitäten von Grace Kelly. Sie zeigte Sehnsucht, Hingabe und Leidenschaft und wurde so zur typischen Hitchcock-Heldin. Hitchcock war fasziniert von Grace Kelly, weil die inneren Leidenschaften hinter ihrer kühlen Fassade so spürbar waren. Es war dieser unterkühlte Sexappeal, der sie als Leinwandstar so bezwingend machte. Die Schauspielerin Grace Kelly wurde für ihre Schönheit und Eleganz bewundert. Bei »Das Fenster zum Hof« (1954) verkörperte sie ein erfolgreiches Fotomodell und die Geliebte des wegen seines Gipsbeins ans Haus gefesselten Fotoreporters Jeff (James Stewart). »Über den Dächern von Nizza« (1955) war ihre letzte Arbeit mit Alfred Hitchcock. Hier spielte sie die Millionärin Frances Stevens, die sich der Avancen des Meisterdiebs John Robie (Cary Grant) erwehrt, ihn aber gleichzeitig lustvoll umgarnt.

Mit 21 Jahren gab sie ihr Debüt in Hollywood, fünf Jahre später hatte sie schon elf Kinofilme gedreht und einen Oscar gewonnen: »Die oberen Zehntausend« (1956) war ihr letzter Film, er erzählt eine Dreiecksgeschichte mit den Hauptdarstellern Bing Crosby, Grace Kelly und Frank Sinatra. In der Kinokomödie sind die oberen Zehntausend nur eine komische Kaste bemitleidenswerter Sonderlinge. »Bitte schicken Sie mir vier Pagen mit einem großen Aschenbecher«, witzelt Sinatra. Die eigentliche Pointe des Films aber ist, dass die Starschauspieler, die sich über die verschrobene alte »High Society« lustig machen, zu den Vertretern der neuen »High Society« gehören. Sie geben Stil und Mode vor, sorgen für Schlagzeilen und Skandale und werden neidisch angehimmelt. Ganz besonders Grace Kelly, die im Alter von 26 Jahren mit diesem erfolgreichen Musical ihre Filmkarriere beendete, um als Fürstin Gracia Patricia Teil des europäischen Adels zu werden. Kein Hollywood-Autor hätte sich eine schönere Story ausdenken können.

Grace sammelte ihre ersten Erfahrungen vor der Kamera, als sie Anfang der fünfziger Jahre in Fernsehtheateraufführungen mitspielte. Hier Grace Kelly als Ann Rutledge und Stephen Courtleigh als Abraham Lincoln in der Episode »Ann Rutledge« (1950) aus der TV-Serie »The Philco Television Playhouse«.

Grace und der französische Darsteller Jean-Pierre Aumont waren 1953 und 1955 kurzzeitig ein Paar. Grace beendete die Beziehung, als sie vermutete, dass er mit den Paparazzi gute Fotomöglichkeiten ausmachte, um seine Karriere voranzutreiben. Jean-Pierre Aumont und Grace Kelly spielten 1953 zusammen in der Episode »The Way of the Eagle« in der Reihe »The Philco Television Playhouse«.

ZWÖLF UHR MITTAGS – HIGH NOON (1952)

An einem Junitag 1865 um 10 Uhr 30. Der Sheriff von Hadleyville, Will Kane (Gary Cooper), hat die Quäkerin Amy (Grace Kelly) geheiratet. Da kommt eine telegrafische Mitteilung, dass Frank Miller (Ian MacDonald) mit dem 12-Uhr-Zug kommen soll. Miller ist vor Jahren von Kane wegen Mordes festgenommen worden, weil die Stadt von ihm und seiner Bande terrorisiert worden war. Die ganze Stadt, einschließlich Amy, will Kane hindern, dem Banditen, der Rache üben will, gegenüberzutreten. Amy will wegfahren und lässt sich auch nicht von Helen Ramirez (Katy Jurado), einer ehemaligen Geliebten von Kane, zurückhalten. Ganz allein steht Kane Miller und dessen Leuten gegenüber. Im letzten Augenblick greift Amy ein. Sie tötet sogar einen der Männer. Kane bleibt Sieger. Als die Bewohner wieder aus ihren Häusern kommen, wirft er den Sheriffstern weg und verlässt mit Amy ohne Bedauern Hadleyville.

Der Western wurde zum Klassiker: Bemerkenswert ist vor allem, dass die 90 Minuten des Films gleichzeitig eine 90-minütige Geschichte erzählen, dabei wird die Einheit von Ort und Zeit virtuos zur Spannungssteigerung genutzt. Der aus Österreich stammende Regisseur Fred Zinnemann verfilmte die Romanvorlage *The Tin Star* von John W. Cunningham. Das Drehbuch lieferte Carl Foreman, der vielleicht auch dafür sorgte, dass die Geschichte später immer wieder gern als Parabel auf die McCarthy-Zeit interpretiert wurde. Gary Cooper bekam für die Rolle des Sheriffs seinen zweiten Oscar, eine weitere Auszeichnung ging an den Schnitt (Elmo Williams, Harry Gerstad). Gleich zwei weitere Preise konnte Dimitri Tiomkin für den besten Soundtrack und den besten Filmsong (»Do Not Forsake Me, oh My Darling«, gesungen von Tex Ritter) entgegennehmen. Grace Kelly gelang als Amy der darstellerische Durchbruch: »Grace Kelly ist die unnahbare Schönheit, die ihre aus der Perspektive des Films weltfremden religiösen Grundsätze dann doch aufgibt, um ihrem Mann zur Seite zu stehen.« (Knut Hickethier, Filmklassiker)

ZWÖLF UHR MITTAGS – HIGH NOON, Western, USA 1952, Regie: Fred Zinnemann, Buch: Carl Foreman, Kamera: Floyd Crosby, Musik: Dimitri Tiomkin und Ned Washington, Produzent: Stanley Kramer. Mit: Gary Cooper, Grace Kelly, Ian MacDonald, Thomas Mitchell, Katy Jurado, Lloyd Bridges, Henry Morgan, Lon Chaney jr., Otto Kruger, Lee Van Cleef, Eve McVeagh, Morgan Farley, Harry Shannon, Jack Elam, John Doucette, Robert J. Wilke, Sheb Wooley, Tom London, Ted Stanhope, Larry Blake, William ›Bill‹ Phillips, Jeanne Blackford, James A. Millican.

Grace und Gary Cooper küssten sich zum ersten Mal während der Aufnahmen der Hochzeitsszene in »Zwölf Uhr mittags«. Aber es dauerte nicht lang, bis die Geschichten über ihre Küsse jenseits der Kamera den Weg in die Klatschzeitungen fanden. Hier Lon Chaney jr., Thomas Mitchell, Henry Morgan, Eve McVeagh, Otto Kruger, Grace Kelly und Gary Cooper in »Zwölf Uhr mittags«.

»Ich ziehe ältere Männer vor. Sie sind interessanter. Ich mag Leute, die mehr wissen als ich.« Grace Kelly

Grace Kelly und Gary Cooper in »Zwölf Uhr mittags«.

»Gary Cooper brachte mir bei, dass die Kamera immer in der ersten Reihe ist.«
Grace Kelly

Gary Cooper, Regisseur Fred Zinnemann und Grace Kelly bei den Dreharbeiten zu dem Western »Zwölf Uhr mittags«.

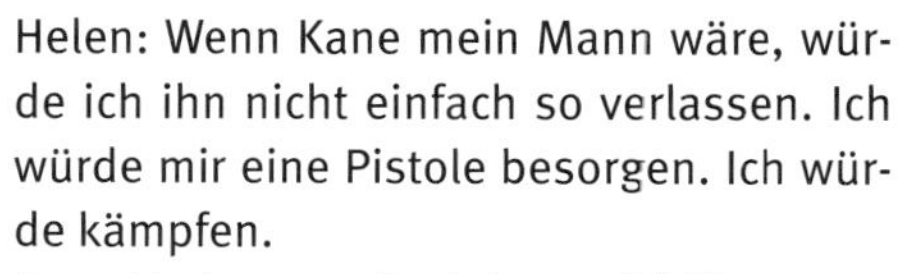

Helen: Wenn Kane mein Mann wäre, würde ich ihn nicht einfach so verlassen. Ich würde mir eine Pistole besorgen. Ich würde kämpfen.
Amy: Und warum tust du es nicht?
Helen: Er ist nicht mein Mann. Er ist deiner.
Katy Jurado und Grace Kelly in »Zwölf Uhr mittags«.

»Gary Cooper war derjenige, der mir beibrachte, mich während einer Szene zu entspannen und einen Teil der Arbeit an die Kamera zu übergeben. Auf der Bühne muss man nicht nur für die ersten Reihen spielen, sondern auch für die Logen, und ich befürchte, dass ich es dabei immer übertrieben habe.« Grace Kelly

Grace Kelly und Gary Cooper in »Zwölf Uhr mittags«.

»Alles, was sie getan hat, war, einem Kerl in den Rücken zu schießen. Cooper hätte ihr einen Tritt in den Allerwertesten geben und sie zur Ostküste zurückschicken sollen.« John Ford, Regisseur

»Ihre fehlende Erfahrung und ihre etwas unbeholfene Art fand ich sehr rührend. Dieses überkorrekte Mädchen aus dem Osten der USA auf dem Gelände von Columbia im wilden Burbank zu sehen – das funktionierte sehr gut.«
Fred Zinnemann

Gary Cooper, Grace Kelly und Katy Jurado in »Zwölf Uhr mittags«.

»Du bittest mich, eine Stunde zu warten, um herauszufinden, ob ich eine Ehefrau oder eine Witwe sein werde. Ich sage, das ist zu lang, um zu warten! Ich werde es nicht tun!«

Aus »Zwölf Uhr mittags«

Gary Cooper und Grace Kelly in »Zwölf Uhr mittags«.

»Ich sah sie in einem Theaterstück in der Nähe des Broadway. Sie war sehr hübsch und sehr gebildet, und ich nahm es persönlich in die Hand, sie für uns zu gewinnen. Ich denke, dazu musste ich ein wenig Arroganz an den Tag legen, aber ich war überzeugt davon, dass sie für die Rolle die Richtige war.«

Stanley Kramer, Regisseur

»Ich werde niemals in der Lage sein können, Fred Zinnemann für all das zu danken, was er für mich getan hat. Er und Mr. Kramer waren diejenigen, die mir bewiesen, dass das Filmemachen genauso eine kreative Kunst ist wie auf der Bühne zu stehen.« Grace Kelly

Dreharbeiten zu »Zwölf Uhr mittags« mit Gary Cooper und Grace Kelly.

Gary Cooper war 28 Jahre älter als Grace. Produzent Stanley Kramer erinnerte sich genau an die Dreharbeiten zu »Zwölf Uhr mittags«: »Coop murmelte einige Male vor sich hin: ›Warum muss ich alter Knacker mit so einem jungen Mädchen zusammen vor der Kamera stehen?‹«

Grace Kelly mit einwandfreier Kopfbedeckung und Gary Cooper mit unpassendem Hut in einer Drehpause des Western »Zwölf Uhr mittags«.

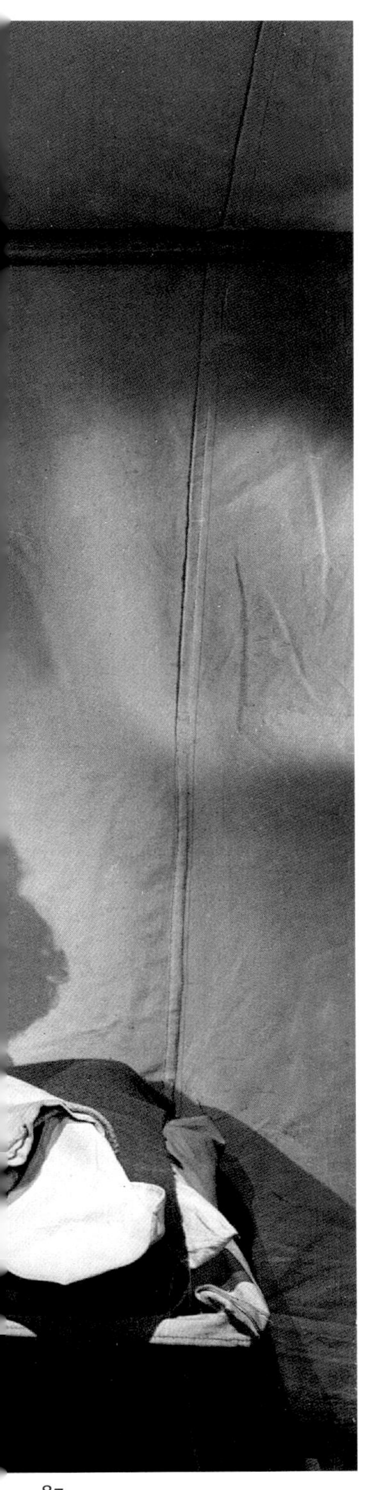

MOGAMBO (1953)

Der Amerikaner Victor Marswell (Clark Gable) arbeitet zusammen mit seinem Freund John Brown-Pryce (Philip Stainton) als Tierfänger in Afrika. Eines Tages landet die temperamentvolle Tänzerin Ellinor Kelly (Ava Gardner) bei ihnen. Sie ist der Einladung eines Maharadschas gefolgt, der inzwischen aber aus Afrika abgereist ist. Marswell bietet ihr notgedrungen ein Quartier in der Urwaldstation an. Die schöne junge Frau verliebt sich Hals über Kopf in den stattlichen Mann, und auch er ist angetan von ihr – wenngleich ihm ihre kesse Art missfällt. Noch mehr fühlt er sich zu der jungen Linda Nordley (Grace Kelly) hingezogen, deren Mann Donald (Donald Sinden), ein englischer Anthropologe, mit Marswell eine Forschungsexpedition ins Gorillagebiet des Mondgebirges machen will.

Auch Linda empfindet viel für Marswell, der sie bald nach ihrer Ankunft aus einer gefährlichen Situation rettet. Eifersüchtig-gespannt ist das Verhältnis der beiden Frauen zueinander. Aber trotzdem bricht man gemeinsam zu einer Expedition in den tiefen Dschungel auf, um Gorillas zu filmen. Der Höhepunkt der Tage im Urwald ist jedoch eine heftige Auseinandersetzung zwischen Victor und den beiden Frauen. Am Ende kann Ellinor ihn vom Ehebruch abhalten.

In John Fords stimmungsvollem Abenteuerfilm samt dramatischer Eifersuchtsgeschichte im afrikanischen Urwald stellt der toll gespielte Zickenkrieg glatt die eindrucksvollen Landschafts- und Tieraufnahmen in den Schatten. Diese effektvolle Kombination sowie die Starbesetzung machten ihn in den 1950er Jahren zu einem großen Kinoerfolg. In dem Remake seines Films »Dschungel im Sturm« (1932) verkörpert Clark Gable einmal mehr den Inbegriff der Männlichkeit. Ava Gardner spielt die kratzbürstige Ellinor mit dem Herzen aus Gold. Und Grace Kelly ist die zugeknöpfte Gattin eines Anthropologen, auf die Frauenheld Victor ein Auge wirft. Beide Schauspielerinnen wurden für den Oscar nominiert, und Kelly gewann den Golden Globe als Beste Nebendarstellerin.

MOGAMBO, Abenteuerfilm, USA 1953, Regie: John Ford, Buch: John Lee Mahin nach einem Stück von Wilson Collison, Kamera: Robert Sourtees, F. A. Young, Produzent: Sam Zimbalist für Metro-Goldwyn-Mayer. Mit: Clark Gable, Ava Gardner, Grace Kelly, Donald Sinden, Philip Stainton, Eric Pohlman, Laurence Naismith, Denis O'Dea, Asa Etula.

»In Afrika zu sein, mit all dieser exotischen Flora und Fauna um sie herum, mit Clark, der stark war, immer lächelte und ihr das Gefühl von Zuhause gab, sorgte dafür, dass sie ihn noch mehr liebte.«

Ava Gardner, Schauspielerin

Grace Kelly, Clark Gable und Ava Gardner in »Mogambo«.

Zwischen Grace und Ava Gardner sowie Avas Ehemann Frank Sinatra entstand eine enge Freundschaft, obwohl das Ehepaar damals gerade dabei war, sich zu trennen.

Ava Gardner, Clark Gable und Grace Kelly in »Mogambo«.

»›Mogambo‹ hatte drei Dinge, die mich interessierten. John Ford, Clark Gable und eine Reise nach Afrika, die mich keinen Pfennig kostete. Wenn ›Mogambo‹ in Arizona gedreht worden wäre, hätte ich die Rolle nicht angenommen.« Grace Kelly

Clark Gable und Grace Kelly in »Mogambo«.

Grace schwärmte für den wesentlich älteren Clark Gable, den sie »Ba« (Suaheli für »Vater«) nannte. Während der Dreharbeiten wich sie ihm so gut wie nie von der Seite und begleitete ihn sogar auf eine frühmorgendliche Safarijagd. Clark gewann Grace schließlich lieb, und sie blieben jahrelang in Kontakt.

Die Zeitschrift *Look* kürte Grace 1953 zur besten Schauspielerin des Jahres.

Grace Kelly und Clark Gable in »Mogambo«.

Während der Dreharbeiten zu »Mogambo« lernte Grace Suaheli.

Grace Kelly, Donald Sinden, Eric Pohlman, Philip Stainton, Clark Gable
und Ava Gardner in »Mogambo«.

Grace Kellys Darbietung in »Mogambo« brachte ihr einen Golden Globe in der Kategorie »Beste Nebenrolle« sowie eine Oscar-Nominierung ein.

Clark Gable und Grace Kelly bei der Oscar-Verleihung im März 1954.

BEI ANRUF MORD – DIAL M FOR MURDER (1954)

Der alternde Tennisstar Tony Wendice (Ray Milland) sieht sich in der Klemme. Seine Frau Margot (Grace Kelly) besitzt alles Geld der Familie, und sie hat einen Geliebten. Also heckt Tony einen Plan aus. Margot soll sterben. Tony erpresst einen alten Freund, den Mord auszuführen. Er selbst wird am fraglichen Abend auf einer Herrenparty sein – ein wasserdichtes Alibi. Die Tat misslingt aber, Margot kann sich wehren und ihren Angreifer töten. Als Tony zurückkommt, belastet er seine Frau. Margot kommt wegen Mordes ins Gefängnis, aber ihr Geliebter, der Schriftsteller Halliday (Robert Cummings), durchschaut Tonys dunkle Pläne. Zusammen mit der Polizei stellt ihm Tony eine Falle.

Mit dem Thema »Perfekter Mord« hatte sich Alfred Hitchcock schon zuvor zweimal beschäftigt, bei »Cocktail für eine Leiche« (1948) und »Im Schatten des Zweifels« (1943). Auf Wunsch der Produzenten Warner Brothers drehte Hitchcock im 3-D-Format, obwohl ihn die plastischen Effekte wenig interessierten. Im Gegensatz zu anderen Regisseuren hatte Hitchcock nicht den Ehrgeiz, die Theaterherkunft seines Stoffes zu verbergen, sondern er arbeitete die Beschränkung auf einen Schauplatz als besondere Qualität heraus. Hitchcock: »Ich tat mein Bestes, den Wohnraum nicht verlassen zu müssen.« Für die weibliche Hauptrolle seines faszinierenden Kammerspiels fand Hitchcock in der damals unbekannten Grace Kelly die Idealbesetzung und, wie er später sagte, eine der kooperativsten Schauspielerinnen, die er je erlebt hatte. Das Verhältnis zwischen dem von Schauspielern gefürchteten Regisseur und seinem neuen Star war ungewöhnlich gut und erwies sich als ausgesprochen fruchtbar: Grace Kelly spielte auch in den nächsten beiden Hitchcock-Filmen, »Das Fenster zum Hof« und »Über den Dächern von Nizza«, die Hauptrolle. Das Theaterstück von Frederick Knott wurde insgesamt sechsmal verfilmt, zuletzt 1998 von Andrew Davis unter dem Titel »Ein perfekter Mord« mit Michael Douglas und Gwyneth Paltrow.

BEI ANRUF MORD – DIAL M FOR MURDER, Thriller, USA 1954, Regie: Alfred Hitchcock, Buch: Frederick Knott, Kamera: Robert Burks, Musik: Dimitri Tiomkin, Produzent: Alfred Hitchcock für Warner Bros. Pictures. Mit: Grace Kelly, Ray Milland, Robert Cummings, Anthony Dawson, Antonio Margheriti, John Williams, Alfred Hitchcock, Patrick Allen.

»Die Zusammenarbeit mit Hitchcock war eine fantastische Erfahrung und auch eine große Bereicherung für mich. Als Schauspielerin lernte ich unglaublich viel über die Entstehung von Kinofilmen. Hitchcock gab mir eine ganze Menge Selbstvertrauen.« Grace Kelly

Robert Cummings, Regisseur Alfred Hitchcock und Grace Kelly bei den Dreharbeiten zu dem Thriller »Bei Anruf Mord«.

»Damals bezahlten die Studios oftmals die Reporter, damit Schmutzgeschichten nicht in der Presse landeten. In Grace Kellys Fall muss es für die Studios günstig gewesen sein …« Robert Slatzer, Pressesprecher von Paramount

Grace Kelly in »Bei Anruf Mord«.

»Ray Milland schwor mir von ganzem Herzen, dass er seine Frau verlassen hatte. Erst einige Zeit später fand ich heraus, dass er nur geflunkert hatte. Ich war nur eine von vielen. Ich war nicht die Einzige.« Grace Kelly

Grace Kelly in »Bei Anruf Mord«.

»Ich bin eine Pessimistin, ich erwarte immer das Schlechteste. Dadurch schaffe ich mir eine Überraschung, wenn es nicht eintritt.« Grace Kelly

Robert Cummings und Grace Kelly in »Bei Anruf Mord«.

»Nur ein Blick in Gracies Augen, und er geriet gewaltig ins Trudeln. Schon bald wieherte die ganze Stadt wegen der Neuigkeiten, dass der süße Milland, der Frau und Kinder zu Hause hatte, total verrückt nach Grace war. Ray setzte ihr leidenschaftlich nach, und ganz Hollywood redete darüber. Dann fand Mama Milland heraus, was lief. Sie gebot dem umherschweifenden Ray Einhalt, und es folgte der wohl lauteste, tränenreichste Streit, den ihre Nachbarn in Beverly Hills jemals gehört haben.« Aus einem Artikel in der Zeitschrift *Confidential*

Ray Milland und Grace Kelly in »Bei Anruf Mord«.

Tony (Ray Milland) erpresst Lesgate (Anthony Dawson), damit dieser Tonys Ehefrau Margot (Grace Kelly) umbringt. In dieser Szene kämpfen Lesgate und Margot miteinander.

Laut Hitchcocks Drehbuch sollte Margot ursprünglich in einem roten Morgenmantel aus Seide zum Telefon gehen, aber Grace schlug dem Regisseur etwas anderes vor: »Ich stehe einfach auf und gehe in meinem Nachthemd zum Telefon.« Hier Anthony Dawson und Grace Kelly in »Bei Anruf Mord«.

»Bei Anruf Mord« wurde ursprünglich in 3-D gefilmt, aber die endgültige Version wurde schließlich doch noch geändert. Hitchcock konnte sich nicht vorstellen, wie Grace oder Ray irgendwelche Dinge in Richtung Publikum schmissen, daher entschied er sich für die dramatische Szene, in der Grace nach einer Schere greift.

Grace Kelly und Anthony Dawson in »Bei Anruf Mord«.

In »Bei Anruf Mord« kommt Tony (Milland) nach Hause und muss feststellen, dass seine Frau Margot (Kelly) einen Einbrecher (Dawson) getötet hat.

Grace Kelly, Ray Milland und Anthony Dawson in »Bei Anruf Mord«.

DAS FENSTER ZUM HOF – REAR WINDOW (1954)

Der nach einem Unfall durch sein Gipsbein an den Rollstuhl gefesselte Fotoreporter L. B. Jeffries (James Stewart) glaubt, von seinem Fenster aus einen Mord im Gebäude gegenüber beobachtet zu haben. Weder seine Verlobte Lisa (Grace Kelly) noch ein befreundeter Polizist schenken ihm Glauben. Zumindest Lisa kann er teilweise überzeugen und überreden, die betreffende Wohnung zu durchsuchen. Schließlich lockt Jeffries den Verdächtigen aus der Reserve und bringt dadurch sich und seine Verlobte in Lebensgefahr. Nach eigenem Bekunden ist das Alfred Hitchcocks persönlicher Lieblingsfilm. Er macht den Zuschauer zum Mitvoyeur: Bis auf eine Szene bleibt die Kamera bei James Stewart, mit dem der Zuschauer sich identifizieren soll. Mit seinen Augen nimmt man am Leben der Menschen in diesem Häuserblock teil.

»Eine Inhaltsbeschreibung von ›Das Fenster zum Hof‹ kann kaum die völlige Neuheit und die nicht wiederzugebende Komplexität des ganzen Unternehmens verdeutlichen. Die Konstruktion des Films ist rein musikalisch, mehrere Themen greifen ineinander oder antworten aufeinander: Ehe, Selbstmord, Verkommenheit, Tod, das Ganze im Licht einer raffinierten Erotik. Doch vor einem so fremdartigen und neuen Film vergisst man leicht diese atemberaubende Virtuosität; jede Einstellung für sich ist eine erfolgreich bestandene Prüfung, eine gewonnene Wette«, so der Hitchcock-Verehrer François Truffaut im Jahr 1954. »Das Fenster zum Hof« ist neben »Vertigo« der Film Hitchcocks, der von Cineasten am meisten geliebt und verehrt wird. Er erhielt mehrere Oscar-Nominierungen, so für die beste Kamera, für die beste Regie, für den besten Ton und für das beste Drehbuch. In der Bundesrepublik fand der Film bei den Rezensenten wenig Gnade: Der Kritiker einer süddeutschen Zeitung hatte sich nur gelangweilt, in einer Frankfurter nannte man den Film gar ein »Traktätchen im Stil jener Comic-Strips, die die Dummheit schüren«. 1999 inszenierte Jeff Bleckner mit dem gelähmten Christopher Reeve ein Remake.

DAS FENSTER ZUM HOF – REAR WINDOW, Thriller, USA 1954, Regie: Alfred Hitchcock, Buch: John Michael Hayes, Kamera: Robert Burks, Autor: Cornell Woolrich, Musik: Franz Waxman, Produzent: Alfred Hitchcock für Paramount Pictures. Mit: James Stewart, Grace Kelly, Wendell Corey, Thelma Ritter, Raymond Burr, Judith Evelyn, Ross Bagdasarian, Georgine Darcy.

Stella (Thelma Ritter), Lisa (Grace Kelly) und Jeff (James Stewart) spionieren ihren mysteriösen Nachbarn aus.

»Jedes kleine Detail von jedem einzelnen Teil meiner Garderobe wird zu einem weiteren Teil in der Entwicklung meiner Rolle.«
Grace Kelly

»Sie wird in jedem Film, den sie macht, anders sein. Nicht wegen des Make-ups oder der Kleidung, sondern weil sie eine Figur von innen heraus spielt.« Alfred Hitchcock

»Grace war ein wenig jungenhaft ... Sie liebte es, Witze zu machen und Spaß zu haben. Sie neigte dazu, herumzualbern und wie ein Mädchen zu spielen, das viel jünger als sie war.« Herbert Coleman, Hitchcocks Regieassistent

Hitchcock schnitt die Rolle der Lisa in »Das Fenster zum Hof« auf Grace Kelly zu und auf das, was er ihre »sexuelle Eleganz« nannte – kontrolliert, aber dennoch neckisch und originell.

Grace Kelly und Regisseur Alfred Hitchcock bei den Dreharbeiten zu »Das Fenster zum Hof«.

»Ich wusste überhaupt nicht, was ich zu ihm sagen sollte. Auf schreckliche Weise fand ich es lustig, dass mein Gehirn plötzlich zu Stein geworden war.«

Grace Kelly über ihr erstes Zusammentreffen mit Hitchcock

Regisseur Alfred Hitchcock, Grace Kelly und James Stewart bei den Dreharbeiten zu »Das Fenster zum Hof«.

»Man konnte Grace Kellys Potenzial in puncto Zurückhaltung erkennen. Ich sage Schauspielern immer, dass sie vor der Kamera ihr Gesicht nicht benutzen sollen ... Grace hat diese Kontrolle. Das ist sehr selten bei einer solch jungen Frau.« Alfred Hitchcock

Wendell Corey, Grace Kelly und James Stewart in »Das Fenster zum Hof«.

»Sie hatte nichts Selbstsüchtiges an sich. Sie war da, um ihre Arbeit zu machen, und sie war genauso vom Regisseur abhängig wie von ihrer eigenen Fähigkeit, mit der sie weder vor dem Regisseur noch vor ihren Kollegen prahlte. Ich denke, sie war diesbezüglich eine ideale Schauspielerin.«

James Stewart

»Überraschung ist der wichtigste Bestandteil einer Attacke. Und außerdem musst du deine Bücher über Privatdetektive nochmals genauer studieren. Wenn die Kerle in Schwierigkeiten stecken, ist es immer ihr Mädchen für besondere Aufgaben, das sie aus dem Schlamassel wieder rausholt.«

Lisa Fremont (Grace Kelly) zu L. B. Jeffries (James Stewart)

»Jimmy arbeitete mit einigen der glamourösesten Frauen der Welt zusammen. Ich glaube, ich hatte ständig Angst davor, dass er sie attraktiver fand als mich und mit einer von ihnen eine Affäre begann.«

Gloria Stewart, James Stewarts Ehefrau

Grace war kurz davor, die Rolle der Edie Doyle in dem Film »Die Faust im Nacken« (1954) neben Marlon Brando anzunehmen, als Alfred Hitchcock sie bat, Lisa in »Das Fenster zum Hof« zu spielen.

Grace Kelly in »Das Fenster zum Hof«.

»Die Öffentlichkeit ist wie ein alter Setter, der mit seiner Spürnase auf der Suche nach allem Guten ist, und Grace ist gut. Sie hat Klasse. Nicht nur die Klasse, eine Lady zu sein – ich glaube nicht, dass es irgendetwas damit zu tun hat –, sondern sie wird immer die Klasse haben, die man bei einem wirklich guten Rennpferd findet.«

James Stewart

Links: Drehpause mit Fahrrad und Hund für James Stewart und Grace Kelly bei »Das Fenster zum Hof«.

Rechts: Kaffee aus einer gemeinsamen Tasse für Grace Kelly und den Komiker Danny Kaye, der die Dreharbeiten zu »Das Fenster zum Hof« besuchte.

EIN MÄDCHEN VOM LANDE

Ein menschlich bewegendes Hollywood-Melodram: Georgie (Grace Kelly), ein »Mädchen vom Lande«, ist in New York mit dem ehemaligen Broadway-Star Frank Elgin (Bing Crosby) verheiratet. Seit einigen Jahren wird die Ehe von dem tödlichen Unfall ihres kleinen Sohnes überschattet, für den sich beide Ehepartner insgeheim verantwortlich fühlen. Während Georgie ihr Leben scheinbar wieder in den Griff bekommen hat, ist Frank hoffnungslos dem Alkohol verfallen. Eine Chance zum beruflichen Neubeginn zeichnet sich ab, als ihm der berühmte Broadway-Regisseur Bernie Dodd (William Holden) die Hauptrolle in einem neuen Theaterstück übertragen will. Frank nimmt das Angebot an. Die Premiere in New York wird ein Riesenerfolg, doch die Ehe der Elgins droht zu zerbrechen, weil Dodd seine Gefühle für Georgie entdeckt hat.

Der Film war eine der erfolgreichsten Hollywood-Produktionen des Jahres 1954. Für ihre Titelrolle als »Mädchen vom Lande« erhielt Grace Kelly 1955 einen Oscar. Ebenfalls mit einem Oscar ausgezeichnet wurde das Drehbuch des Films, das George Seaton, gleichzeitig auch der Regisseur dieses Melodrams, nach einem Bühnenstück von Clifford Odets schrieb. »Man sieht dieser Theaterverfilmung noch die Akteinteilung an, die Dia-

»Grace ist wie ein Kaleidoskop. Eine Drehung, und man bekommt ein ganz neues Bild von ihr.« George Seaton, Regisseur

THE COUNTRY GIRL (1954)

loge sind sorgsam gestuft und schürfen tief im Dunkel einer waidwunden Seele. Das meisterliche Kammerspiel ruht ganz auf der darstellerischen Kraft seiner drei Stars«, schreibt Edmund Luft in der Zeitschrift *Filmblätter*: »Bing Crosby macht das mit Inbrunst, er singt einige Chansonstrophen und spielt sympathisch den müden, melancholischen Komödianten. William Holden ist der energische, stahlhart zupackende Spielleiter, der beruflich keinen Pardon gibt und zugleich herzlich an diesem Fall interessiert ist. Grace Kelly schließlich gibt mit kühler Kargheit die Titelfigur. Mit spröder Anmut verkörpert sie eine Frau, die der Welt des schönen Scheins innerlich fernsteht. Ihre schöne elementare Leistung, groß und einfach in den Empfindungen, trug ihr den Oscar ein.«

EIN MÄDCHEN VOM LANDE – THE COUNTRY GIRL, Melodram, USA 1954, Regie: George Seaton, Buch: George Seaton, Clifford Odets, Kamera: John F. Warren, Musik: Victor Young, Produzent: William Perlberg, George Seaton für Paramount Pictures. Mit: Bing Crosby, Grace Kelly, William Holden, Anthony Ross, Gene Reynolds, Jacqueline Fontaine, Eddie Ryder, Robert Kent, John W. Reynolds.

Grace Kelly beim Rollenstudium für die Dreharbeiten zu dem Film »Ein Mädchen vom Lande«.

DIE BRÜCKEN VON TOKO-RI

Im Zivilleben ist Harry Brubaker (William Holden) Rechtsanwalt in Denver. Nach seiner Rückkehr aus dem Zweiten Weltkrieg hat er eigentlich gehofft, nie wieder an die Front zu müssen. Doch schon bald wird er wieder eingezogen: Im Oktober 1952 dient er als Leutnant der US-Luftwaffe im Koreakrieg. Als Kampfjet-Pilot startet er von einem Flugzeugträger aus. Mit Admiral George Tarrant (Fredric March) hat er einen Freund und Förderer an Bord, erinnert Harry ihn doch sehr an seinen gefallenen Sohn. So nimmt er es Brubaker auch nicht übel, dass ihn dessen Frau Nancy (Grace Kelly) bei seinem Fronturlaub in Japan besucht – eigentlich streng verboten. Während Harry damit beschäftigt ist, seinen Freund Mike Forney aus dem Polizeigewahrsam freizubekommen, erzählt Tarrant Nancy davon, wie gefährlich Harrys nächster Job sein wird: Mit einer Spezialeinheit soll er die Brücken von Toko-Ri bombardieren und zerstören. Dabei gibt es allerdings nur eine mögliche Flugroute, von der die Piloten bei Gefahr nicht abdrehen können; und sie müssen damit rechnen, von den feindlichen Bodentruppen beschossen zu werden …

William Holden und Grace Kelly wurden seinerzeit besonders für ihre emotionale und authentische Darstellung der

Fredric March und Grace Kelly in »Die Brücken von Toko-Ri«.

THE BRIDGES AT TOKO-RI (1954)

beiden Protagonisten gelobt, die schöne Grace erregte mit einem Badeanzug-Auftritt Aufsehen. Für die gelungenen Spezialeffekte der Luftkämpfe erhielt John P. Fulton den Trick-Oscar. »Wie viel auch vom Wildwestern-Schema wegfiel, wie viel dafür an Verhaltenheit des Spiels und schlichter Überzeugungskraft im Optischen gewonnen wurde – so tief, wie er vorgibt, lotet der Film nicht«, meinte der Kritiker des *Rheinischen Merkur* bei der Kino-Premiere 1955: »Denn der Bürger in Uniform, der da in Korea einen unpopulären Krieg mitzumachen hat, ist immerhin Pilot eines Düsenjägers und gehört somit zu jenem neuen Orden harter Boys, der unter anderem dazu bestimmt zu sein scheint, die Cowboys auf der Leinwand abzulösen.«

DIE BRÜCKEN VON TOKO-RI – THE BRIDGES AT TOKO-RI, Kriegsfilm, USA 1954, Regie: Mark Robson, Buch: Valentine Davies nach einem Roman von James A. Michener, Kamera: Loyal Griggs, Musik: Lyn Murray, Produzenten: William Perlberg, George Seaton für Paramount Pictures. Mit: William Holden, Grace Kelly, Fredric March, Mickey Rooney, Robert Strauss, Charles McGraw, Earl Holliman, Keiko Awaji, Earl Hollimar, Richard Shannon, Willis B. Bouchey.

»Welcher Mann wäre nicht von ihr überwältigt?« William Holden, Schauspieler

Grace Kelly und William Holden in »Die Brücken von Toko-Ri«.

ÜBER DEN DÄCHERN VON NIZZA – TO CATCH A THIEF (1955)

Der oberflächliche Reiz könnte darin bestehen, wie Alfred Hitchcock 1955 in seinem in Frankreich gedrehten Film mit den Elementen »romance, mystery and comedy« etwas von jener Leichtigkeit erreicht, die man französischen Filmen zuschreibt. Es könnten auch die Schauspieler sein: Cary Grant, der mit fünfzig Jahren den eleganten charming lover der halb so alten Grace Kelly spielt, die zunächst eine zurückhaltende und damenhafte Blondine zu sein scheint, dann aber alle Register weiblicher Verführungskunst zu ziehen weiß. Und es könnte diese Geschichte sein: Als Katze von Paris wurde John Robie (Cary Grant) einst zum berüchtigten Juwelendieb. Doch dann wurde er geschnappt und verurteilt. Inzwischen sind 15 Jahre vergangen, John hat sich an der Côte d'Azur zur Ruhe gesetzt. Plötzlich aber gibt es aufsehenerregende Juwelen-Diebstähle – und der Tatverdacht fällt sofort auf Robie, dabei ist er unschuldig. Mithilfe des Versicherungsvertreters Hughson (John Williams), dessen Firma für die geraubten Juwelen bezahlen muss, will er dem Dieb auflauern. Dabei lernt er ein potenzielles Opfer näher kennen, die reiche Jessie Stevens (Jessie Royce Landis) und ihre hübsche Tochter Frances (Grace Kelly). Bald hat die clevere Frances sich in John verliebt und seine Absichten durchschaut. Gegen seinen Willen beginnt sie, ihm zu helfen, und fängt am Ende den Dieb mit.

Die wahren Reize des Films liegen woanders: bei sexuellen Anspielungen und doppeldeutigen Dialogen (»Wollen Sie Bein oder Brust?«, fragt Grace Kelly beim Picknick) oder darin wie ein Kuss von Cary Grant und Grace Kelly mit explodierenden Feuerwerkskörpern verknüpft wird (das ist schon höchst erstaunlich für die sonst so prüden Fifties). Und im Spiel der Überraschungen: wenn Grace Kelly die Initiative ergreift und Cary Grant küsst, wenn plötzlich ein rohes Ei auf eine Glaswand geworfen wird, hinter der Cray Grant die Restaurantküche beobachtet, und wenn – ebenso unerwartet – eine Zigarette im Spiegelei ausgedrückt wird.

ÜBER DEN DÄCHERN VON NIZZA – TO CATCH A THIEF, Kriminalfilm, USA 1955, Regie: Alfred Hitchcock, Buch: David Dodge und John Michael Hayes, Kamera: Robert Burks und W. Wallace Kelley, Musik: Lyn Murray, Produzenten: Alfred Hitchcock und Herbert Coleman für Paramount Pictures. Mit: Cary Grant, Grace Kelly, Jessie Royce Landis, Charles Vanel, John Williams, René Blancard, Brigitte Auber, Rene Blancard, Jean Martinelli, Georgette Anys, Roland Lesaffre, Roland Lessaffre, Jean Hebey, Dominique Davray, Russell Gaige, Marie Stoddard, Frank Chelland, Alfred Hitchcock.

Grace Kelly besuchte Monaco zum ersten Mal während der Dreharbeiten zu »Über den Dächern von Nizza«. Viele Szenen des Films wurden auf der Moyenne Corniche gedreht, von der man einen wunderbaren Blick auf den Fürstenpalast hat. Cary Grant und Grace Kelly in »Über den Dächern von Nizza«.

»Sie war mein Vorbild. Sie war immer die perfekte Lady. Sie bewegte sich vorbildlich, konnte gut reden, und sie wusste immer, wie sie sich zu benehmen hatte. Sie sagte immer zur richtigen Zeit die richtigen Dinge.« Mary Seaton Henderson, Tochter des Regisseurs George Seaton

»Grace musste nichts verbergen. In ihren Kleidern sah sie perfekt aus, da alles, was darunter war, ebenfalls perfekt war.«
Edith Head, Kostümbildnerin

Beide Seiten: Grace Kelly in »Über den Dächern von Nizza«.

»Hitchcock hätte Grace am liebsten in seinen nächsten zehn Filmen eingesetzt. Ich würde sagen, dass er bei allen Schauspielerinnen, denen er nach Grace eine Hauptrolle gab, immer versucht hat, das Bild und das Gefühl zu übertragen, das er so ehrerbietig von Grace hatte.« John Michael Hayes, Drehbuchautor von »Das Fenster zum Hof« und »Über den Dächern von Nizza«

Regisseur Alfred Hitchcock bei der Kostümprobe mit Grace Kelly.

MGM weigerte sich, Grace für einen weiteren Film an eine andere Firma auszuleihen, aber die Schauspielerin blieb gelassen. Sie sagte zu ihrer Kostümbildnerin Edith Head: »Egal, was alle anderen sagen, Liebste, arbeite einfach weiter an meinen Kostümen. Ich werde den Film machen.«

1962 bot Hitchcock Grace eine Rolle in seinem Film »Marnie« an. Rainier hatte ursprünglich zugestimmt, aber die Monegassen waren außer sich. Sie waren der Meinung, dass Ihre Durchlaucht sich nicht herablassen dürfe, als Schauspielerin in Hollywood zu arbeiten. Grace musste die Rolle daraufhin ablehnen. Foto: Regisseur Alfred Hitchcock begrüßt Grace Kelly zu den Dreharbeiten des Films »Über den Dächern von Nizza«.

Grace und Cary improvisierten die Szene des Films, in der sie ihn fragt: »Wollen Sie Bein oder Brust?«, woraufhin er antwortet: »Das überlasse ich Ihnen.«

Regisseur Alfred Hitchcock und Grace Kelly bei den Dreharbeiten des Films »Über den Dächern von Nizza«.

Die Zensoren in Hollywood wollten ursprünglich, dass die Strandszene in dem Film »Über den Dächern von Nizza« entfernt werden sollte.

Dreharbeiten zu »Über den Dächern von Nizza«: Hauptdarsteller Cary Grant und Grace Kelly mit Regisseur Alfred Hitchcock.

»Um Himmels willen, wir waren alle so sehr in Grace verliebt – wir waren eine tolle Gemeinschaft. Wir waren alle ineinander verliebt. Wir erfreuten uns an den Talenten des jeweils anderen. Wenn Grace nicht den Fürsten geheiratet und ihre Karriere als Schauspielerin aufgegeben hätte, hätten sie, Hitch und ich sogar unsere eigene Produktionsfirma gegründet und einige Filme zusammen gemacht ...«

Cary Grant, Schauspieler

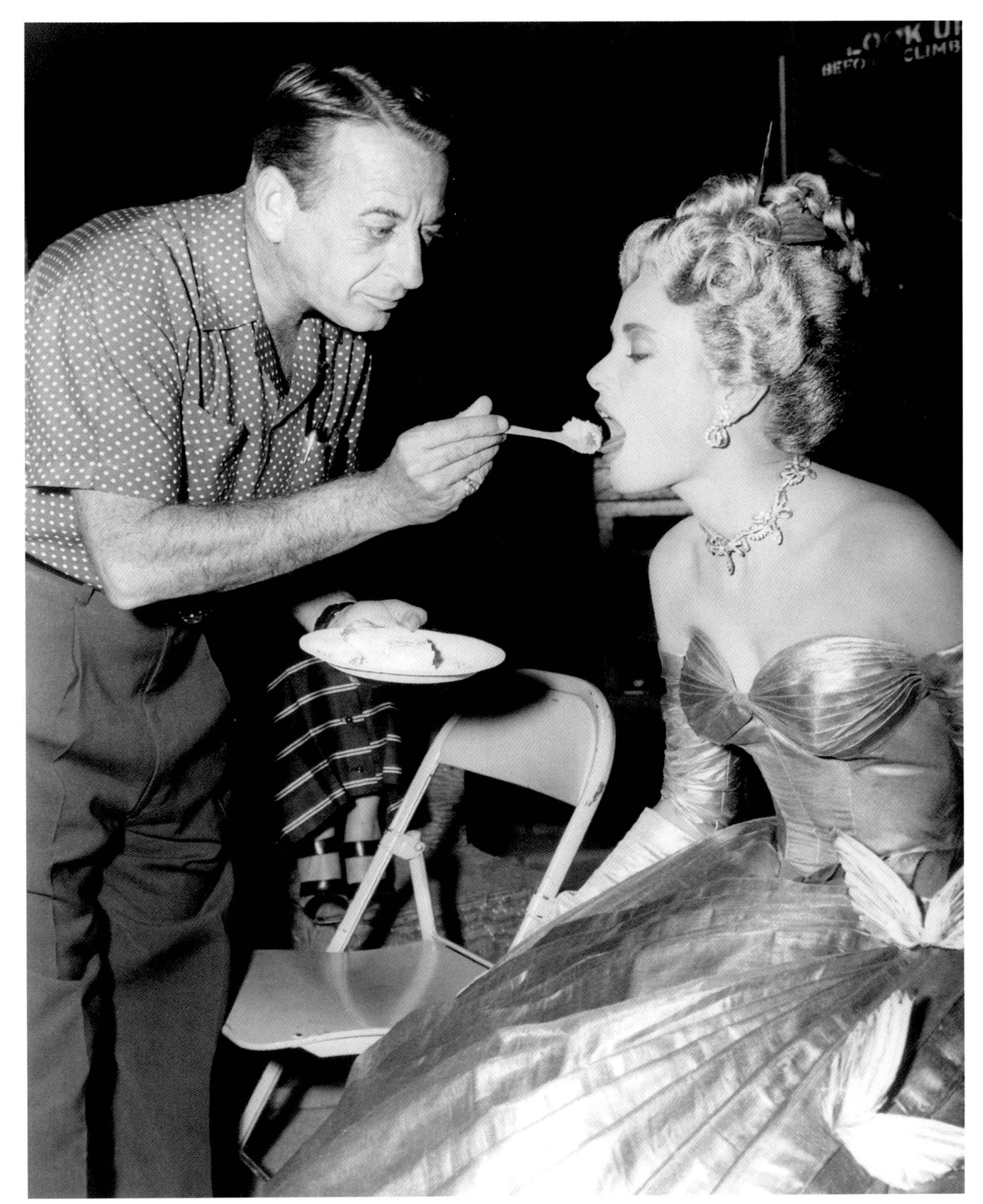

Happy Birthday, Hitch: Während der Dreharbeiten zu »Über den Dächern von Nizza« feierten Cary Grant und Grace Kelly mit einer großen Torte am 13. August 1955 den 56. Geburtstag des Regisseurs.

Jetzt bloß nicht kleckern: Ein Stückchen von Hitchcocks Geburtstagstorte für Grace Kelly.

DER SCHWAN – THE SWAN (1956)

Irgendwo in Europa zu Beginn des 20. Jahrhunderts: Kronprinz Albert (Alec Guinness) kommt auf Brautschau in das Schloss, in dem Prinzessin Alexandra (Grace Kelly) mit ihren Angehörigen lebt. Ihre ehrgeizige Mutter Beatrix (Jessie Royce Landis) möchte sie unbedingt an Alberts Seite auf dem Thron sehen. Um den hohen Herrn, der sich anscheinend mehr für Fußball und Melkmaschinen interessiert, aus der Reserve zu locken, drängt die Mama ihre reizende Tochter, beim festlichen Ball Interesse für den jungen Hauslehrer Nicholas (Louis Jourdan) vorzutäuschen. Sie ahnt nicht, dass Nicholas längst in Alexandra verliebt ist und Alexandra – enttäuscht über das Desinteresse des Prinzen – diese Gefühle zu erwidern beginnt und schließlich sogar mit Nicholas heimlich abreisen will. Als Nicholas jedoch die wahren Zusammenhänge erfährt, kommt es zu einer heftigen Auseinandersetzung, in deren Verlauf er Alexandra demütigt und Prinz Albert beleidigt. Dieser aber erkennt endlich, wie liebenswert die jetzt so verzweifelte Alexandra ist, und tröstet sie, indem er sie doch noch heiratet.

Probehalber spielte Grace Kelly hier schon mal ihre spätere Rolle als Fürstin von Monaco durch: Nach dem gleichnamigen Theaterstück von Franz Molnár (1876–1952) drehte der Regisseur Charles Vidor eine hintersinnige, ironische Komödie, amüsant und melancholisch zugleich. »Dem zeitfremden, aber amüsierlichen Spiel stehen interessante Schauspielstudien zur Verfügung«, urteilt Gerhard Roger in der Zeitschrift *Filmblätter*: »Die Kelly bietet ästhetischen Genuss in Bewegung und Aussehen. Wie eine zerbrechliche Fee des entschwundenen Jahrhunderts schreitet sie in den ländlichen Gewändern des Pusztalandes über die Cinemascope-Breite. Guinness ist der Prinz, dem man zwar den Flegel und das Beinaheidiotische glaubt, nicht so sehr allerdings die Persönlichkeit, die doch wohl auch dazugehört, ein ungewöhnliches Mädchen zu fesseln (und ein Land zu regieren).«

DER SCHWAN – THE SWAN, Komödie, USA 1956, Regie: Charles Vidor, Buch: John Dighton nach einem Stück von Franz Molnár, Kamera: Joseph Ruttenberg, Robert Surtees, Musik: Bronislau Kaper, Produzent: Dore Schary für Metro-Goldwyn-Mayer (MGM). Mit: Grace Kelly, Alec Guinness, Louis Jourdan, Agnes Moorehead, Jessie Royce Landis, Brian Aherne, Leo G. Carroll, Estelle Winwood, Van Dyke Parks, Christopher Cook, Robert Coote.

Der Film »Der Schwan« wurde teilweise in der riesigen amerikanischen Villa »The Biltmore« gedreht, die von der Familie Vanderbilt in North Carolina erbaut worden war. »Das Haus ist wie ein Palast. Ich liebe es!«, soll Grace zu ihrem Agenten Jay Kanter gesagt haben.

Grace Kelly und Alec Guinness in »Der Schwan«.

Fürst Rainier traf Grace zum zweiten Mal, als sie gerade den Film »Der Schwan« drehte. In dem Film ging es um eine junge Amerikanerin, die von ihrer Mutter bedrängt wird, einen älteren Prinzen (Alec Guinness) zu heiraten.

Jessie Royce Landis, Grace Kelly und Alec Guinness in »Der Schwan«.

Das Durchschnittsalter der männlichen Hauptdarsteller, mit denen Grace vor der Kamera stand, war 46 Jahre. Louis Jourdan war der Jüngste, er war 11 Jahre älter als die Schauspielerin. Fürst Rainier hingegen war nur sechs Jahre älter als Grace.

Louis Jourdan und Grace Kelly in der Fechtszene aus »Der Schwan«.

Die Dreharbeiten zu »Der Schwan« begannen im September 1955. Grace wurde zum ersten und einzigen Mal als oberster Name auf dem Kinoplakat geführt.

»Wir hielten ›Der Schwan‹ für einen guten Film ... und wir dachten, dass er ein außergewöhnlich großer Erfolg werden würde. Dann kam die Hochzeit, und die Medien waren voll davon. Alle wollten nur die Hochzeit sehen, keiner hatte Lust, sich unseren Film im Kino anzusehen.«
Dore Schary, Präsident von MGM

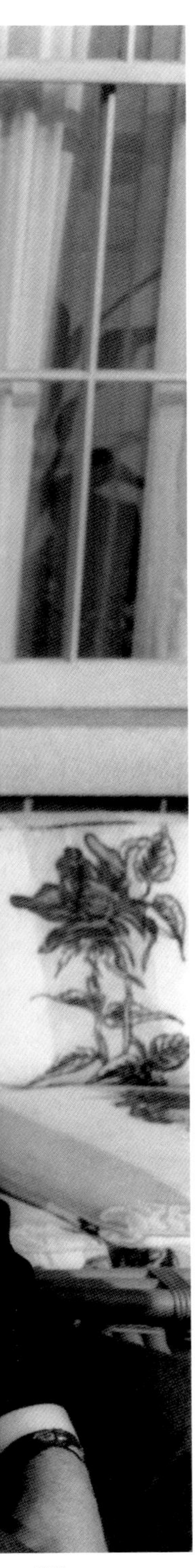

DIE OBEREN ZEHNTAUSEND – HIGH SOCIETY (1956)

Zwei Ereignisse halten die vornehme Gesellschaft des eleganten Newport in Atem: Das bevorstehende Jazz-Festival, bei dem Louis Armstrong die Hauptattraktion ist, und die Heirat der bezaubernden Tracy Lord (Grace Kelly) mit dem reichen George Kettredge (John Lund). Die Hochzeitsvorbereitungen laufen auf Hochtouren, als der Chefredakteur des Klatschblattes *Späher* sie erpresst. Reporter Mike Connor (Frank Sinatra) soll über die Hochzeit exklusiv berichten. Mit ihrer Schwester spielt Tracy dem Reporter ein groteskes Zerrbild der High Society vor. Kurz vor der Hochzeit kreuzt Tracys erster Mann Dexter Haven (Bing Crosby) überraschend auf. Die meisten, mit Ausnahme von Tracy, ahnen jedoch, dass den »Schlagerkomponisten aus Passion« nicht das Jazz-Festival hierher geführt hat: Dexter will seine geschiedene Frau für sich zurückgewinnen. Mit List und Tücke geht er ans Werk, und Tracy selbst kann es kaum fassen, dass sie nicht mit George, sondern mit Dexter Hochzeit feiert.

1938 feierte Katharine Hepburn am Broadway mit »Philadelphia Story« Triumphe. Das Boulevardstück, an dem sie sich die Filmrechte sicherte, adaptierte George Cukor für die Leinwand. Das Drehbuch erhielt einen Oscar, ebenso James Stewart als bester Hauptdarsteller, und der Preis der New Yorker Filmkritik für die beste Schauspielerin ging an Katharine Hepburn. Die frivole Komödie »Die Nacht vor der Hochzeit« wurde einer der großen Filmerfolge der 1940er Jahre, 16 Jahre später wagte man eine Neuverfilmung, diesmal in Farbe und als Musical. Zwar fand die neue Version bei den Kritikern nicht so viel Gefallen, aber das Publikum zeigte sich begeistert. Hauptattraktion des Films »Die oberen Zehntausend« war die erste Zusammenarbeit der Schlagerkönige Bing Crosby und Frank Sinatra, die auch ein Duett, »Well, Did You Eva?«, zum Besten gaben. Das von Cole Porter komponierte Liebeslied »True Love«, interpretiert von Bing Crosby und Grace Kelly, wurde ein Welthit. Für Grace Kelly war es ihr Abschied von Hollywood.

DIE OBEREN ZEHNTAUSEND – HIGH SOCIETY, Musical, USA 1956, Regie: Charles Walters, Buch: John Patrick nach einem Bühnenstück von Philip Barry, Kamera: Paul C. Vogel, Musik: Cole Porter, Johnny Green und Saul Chaplin, Produzent: Bing Crosby Productions, Sol C. Siegel Productions für Metro-Goldwyn-Mayer (MGM). Mit: Bing Crosby, Grace Kelly, Frank Sinatra, Celeste Holm, Louis Calhern, John Lund, Sidney Blackmer, Louis Armstrong, Lydia Reed.

»Bing war verrückt nach ihr ... Aber sie war nicht in ihn verliebt. Sie mochte ihn sehr, aber sie war nicht in ihn verliebt.«
Lizanne LeVine, Grace Kellys Schwester

Grace Kelly und Bing Crosby in »Die oberen Zehntausend«.

MGM ließ von Helen Rose eine gesamte Modekollektion entwerfen – mit Bekleidung für den Tag sowie für abends –, die Grace Kelly der ganzen Welt zeigen sollte.

Grace Kelly in »Die oberen Zehntausend«.

Aristoteles Onassis schenkte Fürst Rainier und Grace zur Hochzeit eine riesige Luxusyacht. Das Hochzeitspaar taufte das Boot auf den Namen *Deo Juvante II* und benutzte es für die Flitterwochen.

»Die oberen Zehntausend« ist eine Musicalfassung des Films »Die Nacht vor der Hochzeit« (1940). In Letzterem spielten zwei von Grace Kellys späteren Schauspielerkollegen mit: Cary Grant und Jimmy Stewart.

Grace Kelly in »Die oberen Zehntausend«.

»Sie glaubte immer daran, dass sie in dem gut sein würde, was sie tun wollte. Dazu brauchte sie viel Mut, aber letztendlich glaubte sie wirklich an sich. Die Filme zu machen war einfach. Es war ihr Privatleben mit all diesen schlechten Beziehungen, die für sie die größten Herausforderungen waren.«

Virginia Darcy, Grace Kellys Haarstylistin bei MGM

Grace trug während der Dreharbeiten zu »Die oberen Zehntausend« ihren Verlobungsring, der aus einer Kombination von einem Diamanten im Smaragd-Schnitt und zwei ovalen Diamanten bestand, die in Platin eingelassen waren.

»Die oberen Zehntausend« wurde ein großer Erfolg und gehörte 1955 zu den Filmen mit dem höchsten Einspielergebnis. Das Duett des Cole-Porter-Songs *True Love* verkaufte sich mehr als eine Million Mal.

Bing Crosby, Grace Kelly und Frank Sinatra in »Die oberen Zehntausend«.

Grace lehnte die Rolle der Heilsarmeearbeiterin Sarah Brown in dem Film »Schwere Jungs – leichte Mädchen« (1956) ab, in dem sie neben Frank Sinatra die Hauptrolle spielen sollte.

Grace Kelly und Frank Sinatra in »Die oberen Zehntausend«.

»Diese Märchenhochzeit, die sich in den Köpfen der Menschen auf der ganzen Welt festgesetzt hatte, sollte bald beginnen. Grace saß ganz ruhig mit einer grauen Hose und einer unscheinbaren Bluse in ihrem Büro und ging mit ihrer Sekretärin einige Listen durch. Währenddessen schien es sie nicht zu stören, dass einige Leute um sie herumwirbelten und ihr die Haare frisierten sowie das Make-up auftrugen. Sie blieb völlig ruhig.«

Joan Collins, Schauspielerin

Bing Crosby war in Grace verliebt. Er hatte ihr einen Heiratsantrag gemacht, nachdem sie gemeinsam den Film »Ein Mädchen vom Lande« gedreht hatten. Allerdings lehnte Grace seinen Antrag ab. In dem Film »Die oberen Zehntausend« entscheidet sich Grace Kelly als Tracy am Schluss für Bing als Dexter.

Grace Kelly und Bing Crosby in »Die oberen Zehntausend«.

MGM schenkte Grace zur Hochzeit all die Kleider, die für den Film »Die oberen Zehntausend« speziell für sie angefertigt worden waren.

Frank Sinatra und Grace Kelly in »Die oberen Zehntausend«.

Das Ballkleid von Helen Rose wurde aus durchsichtigem Chiffontuch und grauem Stoff geschneidert sowie mit Kristallsteinen besetzt. Es war eines von Grace Kellys Lieblingskleidern. Hier Bing Crosby, Grace Kelly und Louis Calhern in »Die oberen Zehntausend«.

Grace bestand darauf, ihren Part des Duetts *True Love* selber zu singen, statt ein Stimmendouble einzusetzen. Sie nahm dafür monatelang Gesangsunterricht und übte das Lied sechs Wochen lang mit Bing Crosby ein.

Grace Kelly und Bing Crosby beim *True Love*-Duett in »Die oberen Zehntausend«.

DIE FÜRSTIN DER HERZEN

Aus Grace Kelly wird Gracia Patricia

Für Grace Kelly wird ein Leinwandmärchen Wirklichkeit. Der Herrscher eines europäischen Fürstentums, kleiner als die MGM-Studios in Hollywood und ihr nur wenig bekannt, hält im Jahr 1956 um die Hand der damals 27-Jährigen an. Fürst Rainier braucht dringend eine Attraktion für seinen verschuldeten Zwergstaat. Ein Filmstar an seiner Seite scheint genau das Richtige zu sein. Dass der Fürst alles andere als reich ist, schreckt Grace Kelly nicht. Erstens hat sie beim Film schon ein Vermögen verdient und zweitens ist ihr Vater ein US-amerikanischer Multimillionär. Ihre Mitgift von zwei Millionen Dollar kann sich also sehen lassen. Grace Kelly sagte einmal in einem Interview: »Zu heiraten ist ein großer Schritt im Leben eines jeden Mädchens. Es ist sehr, sehr aufregend, und ich bin überglücklich. Ein wenig traurig macht es mich, dass ich mein Zuhause verlassen muss. Aber ich hoffe, oft zurückzukehren.« Sie kommt nur noch selten nach Hause in die USA, dafür kommt die Welt zu ihr: Gracia Patricia bleibt in Kontakt mit ihrer Familie und mit ihren Kollegen aus der Filmwelt, sie alle erhalten regelmäßig Einladungen ans Mittelmeer und sie kommen gerne. Mit der strahlenden Fürstin als Mittelpunkt wird Monaco so zum Magneten für den internationalen Jetset, und der Glanz, den Grace Kelly als Gracia Patricia in ihr Land brachte, verblasst auch nach ihrem Tod nicht. Monacos Monarchenfamilie verhielt sich lange reserviert zu der amerikanischen Schauspielerin mit irisch-deutschen Wurzeln, die nach ihren Filmrollen nun nur noch eine Rolle spielt – die einer Landesmutter.

Mit einer Fläche von nicht einmal zwei Quadratkilometern ist Monaco, sieht man vom Vatikan ab, der kleinste Staat der Welt. Gleichzeitig ist es aber einer der schillerndsten Orte, den man sich vorstellen kann. Der moderne Mythos von Monaco ist auf das Fürstenehepaar Rainier und Gracia Patricia zurückzuführen, die über Jahre hinweg die Geschicke des Kleinstaates mit einem feinen Gespür für wirtschaftliche Notwendigkeiten und überwiegend skandalfreien Glamour lenkten. Dagegen brauchte es im Jahr 1856 noch Mut und visionäre Kraft, um im damals armen, in der Selbstständigkeit bedrohten Monaco ein Kurorchester zu gründen. Gleichzeitig sicherte Fürst Karl III. von Monaco – in seinem ersten Amtsjahr – die Unabhängigkeit durch territoriale Zugeständnisse an Frankreich und erteilte auch erstmals die Lizenz zur Führung einer Spielbank. Die Etablierung eines zukunftsträchtigen Spielbetriebs gelang aber erst im dritten Anlauf: im 1863 neu gebauten Casino auf dem Monte Carlo. Fürst Karl III. und Casinoleiter François Blanc trieben mit der neuen Société des Bains de Mer et du Cercle des Étrangers à Monaco (SBM) die touristische Erschließung des Zwergstaates entscheidend voran: Es entstanden die Uferstraße, das Hôtel de Paris und nicht zuletzt die im Oktober 1868 eröffnete Eisenbahnverbindung nach Nizza.

Der Erfolg ließ nicht lange auf sich warten, sodass 1869 die direkte Besteuerung der Monegassen abgeschafft wurde. Bis heute müssen Monegassen keine Einkommenssteuer zahlen, deshalb ist das kleine Fürstentum beliebter Wohnsitz von Millionären. Lebte Monaco früher fast ausschließlich von den Erlösen des Casinos beziehungsweise der SBM, so trägt das Casino heute gerade mal fünf Prozent des monegassischen Staatshaushalts. Auch für Kultur wurde gesorgt: Auf der Bühne des 1879 eingeweihten Operntheaters in Monacos Hauptstadt Monte Carlo stehen Abend für Abend die berühmtesten Künstler der Zeit. Auf eine lange Tradition kann auch das jährlich in Monaco stattfindende Formel-1-Rennen zurückblicken. Der erste Wettbewerb dieser Art, den der Brite William Williams gewann, fand 1929 statt.

Für Côte-d'Azur-Urlauber war das Fürstentum Monaco mit seinem Palast, der auf das Mittelmeer hinausschaut, schon in den 1940er Jahren ein beliebtes Ausflugsziel. Aber wer nicht gerade an der Côte d'Azur Urlaub machte, der kannte den Zwergstaat eigentlich gar nicht. Als Fürst Rainier im Mai 1949 mit knapp 26 Jahren die Regierungsgeschäfte in Monaco übernahm, steckte das Land in einer tiefen Krise. Die Casino- und Bädergesellschaft begann nach dem Ende des Zweiten Weltkrieges mit Verlust zu arbeiten. 1949 betrug das Defizit des Spielcasinos 136 Millionen Francs. Umfangreiche Aktienpakete mussten verkauft werden, um Geld für die notwendigsten Reparaturen an den bröckelnden Fassaden der antiquierten Luxusgebäude zu beschaffen. Der Staat war fast pleite und guter Rat teuer. In seiner Not verkaufte Rainier Anteile seiner Casino- und Bäder-Gesellschaft an den griechischen Milliardär Aristoteles Onassis. Schon bald fiel über Monaco ein Millionenregen. Der griechische Reeder soll es auch gewesen sein, der den Fürsten zu einer Heirat drängte. Hinter seinem Rücken hatte Onassis bereits Verhandlungen mit Marilyn Monroe und Rita Hayworth führen lassen, aber die beiden zogen Hollywood einem Felsen an der Riviera vor. 1955 traf Rainier dann die »Richtige«: die erfolgreiche und selbstbewusste Oscar-Preisträgerin Grace Kelly, die Alfred Hitchcock zum Hollywood-Superstar gemacht hatte.

Fürst Rainier verbrachte Weihnachten 1955 bei den Kellys in Philadelphia. Er machte Grace zwei Tage später einen Heiratsantrag. Das Paar verkündete seine Verlobung am 5. Januar 1956. Fürst Rainier schenkte Grace eine mit Diamanten und Perlen besetzte Halskette, ein Armband und Ohrringe von Van Cleef & Arpels zur Verlobung. Auf dem Foto die Verlobung am 6. Januar 1956: Mutter Kelly, Fürst Rainier, Grace Kelly und ihr Vater bewundern den Verlobungsring.

Bis zu diesem Treffen genoss sie ein unabhängiges Leben mit zahlreichen Affären mit Schauspielkollegen. Der Fürst aus Monaco jedenfalls war von ihrer Schönheit fasziniert, reiste ihr sogar zum Weihnachtsfest in ihr Elternhaus nach Philadelphia nach, spielte mit ihrem Vater bis drei Uhr morgens Karten und klärte die besorgte Mutter, die bisher alle Heiratskandidaten ihrer Tochter abgelehnt hatte, darüber auf, dass er nicht der Fürst von Marokko sei. Schon beim zweiten Treffen nahm Grace seinen Heiratsantrag an. Kein Hollywood-Studio hätte ihr diese Rolle bieten können – vielleicht erhoffte sie sich auch endlich die Anerkennung ihres Vaters, der sich nicht einmal von der Oscar-Auszeichnung seiner Tochter beeindrucken ließ.

Schon unmittelbar nach der Bekanntgabe der Verlobung von Fürst Rainier und Grace Kelly machte man sich beim Filmstudio MGM Sorgen, dass Grace Kelly ihren Vertrag, der noch über die nächsten vier Jahre laufen sollte, nicht erfüllen würde. Noch während der Dreharbeiten zu »Die oberen Zehntausend« antwortete Grace Kelly auf die oft wiederholte Frage nach ihrer Zukunft als Filmschauspielerin: »Mein Vertrag läuft erst in vier Jahren aus. Und ich habe bisher noch jede getroffene Vereinbarung getreulich eingehalten.« Grace Kelly befand sich in einer Zwickmühle, auf der einen Seite der Fürst, der sie in keinem weiteren Film mehr sehen wollte, auf der anderen Seite die Verantwortlichen bei MGM, die auf eine Einhaltung des Vertrages pochen konnten – notfalls per gerichtlicher Auseinandersetzung. Rainier teilte seine Entscheidung der Öffentlichkeit mit: »Ich will nicht, dass meine Frau arbeitet«, und fügte hinzu: »Sie ist mit mir einer Meinung, dass sie ihre Filmkarriere beenden sollte.«

Das richtige Leben wirkte fast wie eine Operetteninszenierung, aber die Fürstin saß in einem goldenen Käfig.

Prompt spekulierte die Presse über »voreheliche Zwistigkeiten«. Als Grace Kelly gedrängt wurde, zu dem Statement des Fürsten Stellung zu nehmen, sagte sie: »Wenn er es so haben will, dann wird es so geschehen.« MGM saß zwar am längeren Hebel, aber aus PR-Gründen wäre es alles andere als ratsam gewesen, Grace Kelly zu verklagen. Trotzdem lag es im Interesse der MGM, sie nicht aus ihrem Vertrag zu entlassen. Falls sie doch wieder Filme drehen sollte, wollte man sicher sein, dass sie dies für MGM tun würde. Aus diesem Grund erhielt MGM ihren Vertrag mittels »Verlängerung« um weitere sechs Jahre bis 1966 aufrecht. Und noch etwas anderes führten die MGM-Bosse im Schilde und machten folgendes Angebot: Sie würden Grace Kelly von ihrer nächsten Rolle in »Warum hab' ich ja gesagt!« entbinden, wenn MGM dafür exklusiv die Filmrechte ihrer Hochzeit erhielte. »Warum hab' ich ja gesagt!« wurde dann mit Lauren Bacall und Gregory Peck realisiert. MGM erzielte eine Vereinbarung, wonach die Trauungsfeierlichkeiten von einer monegassischen Crew gedreht, aber im Verleih der MGM als Wochenschau und im amerikanischen Fernsehen ausgestrahlt werden sollten. Die Dokumentation »The Wedding of the Century« kam kurz nach der Hochzeit in die Kinos und erwies sich als recht erfolgreich.

Die »Hochzeit des Jahrhunderts« geriet zum Medienspektakel vor 30 Millionen Live-Fernsehzuschauern in neun Ländern, die marode Miniaturmonarchie stilisierte sich zum magischen Märchenland. MGM setzte voll auf die Werbewirksamkeit der Vermählung und stellte Grace Kelly die gefeierte Kostümdesignerin Helen Rose zur Verfügung: Sie entwarf ein Brautkleid, das weit über 7000 Dollar kostete – bezahlt von MGM. Während der ersten Monate in Monaco wurde Grace kostenlos von einem Friseur des Studios betreut; Morgan Hudgins, einer der Besten unter den Werbeagenten der MGM, kümmerte sich während der Hochzeitsfeierlichkeiten um die Pressevertreter. Monaco verfügte nämlich über kein eigenes Pressebüro, und bei MGM wollte man sicherstellen, dass die Hochzeit reibungslos über die Bühne gehen würde.

Prinz Rainier von Monaco heiratete am 19. April 1956 die amerikanische Schauspielerin Grace Kelly in der Kathedrale von St. Nicholas. Von nun an hieß Grace Kelly Gracia Patricia Fürstin Grimaldi mit insgesamt 140 Titeln: Als man die komplette Liste verlas, konnte die neue Fürstin nur verlegen lächeln. Fürst und Schauspielerin hatten geheiratet, obwohl sie sich kaum kannten – ihre Ehe war alles andere als eine Traumehe: Die Welt außerhalb Monacos hatte den Eindruck, Grace Kelly habe sich mühelos und elegant in ihre hochherrschaftliche Rolle eingelebt. Ihre Schönheit blendete jeden Staatsmann, und ihre kühle Zurückhaltung, auch wenn sie auf schierer Unsicherheit beruhte, wurde von vielen als angemessen fürstliches Gebaren interpretiert. Bei der Hochzeit trug sie einen Rock aus rund vierhundert Metern Seidentaft, Tüll und Spitze. Unvergessen auch ihr Maiglöckchenstrauß, Millionen von Maiglöckchen mussten anschließend dran glauben, weil fast jede Braut in Europa einen

Fürst Rainier und Grace Kelly am 7. Januar 1956 in New York. Sie sagte: »Ich wusste, dass ich in den Fürsten verliebt war, bevor wir uns zum zweiten Mal sahen. Ich weiß nicht, wie ich das wusste … da war einfach irgendetwas.«

Das Paar Grace Kelly und Fürst Rainier tauchte am 6. Januar 1956 bei einem Wohltätigkeitsball im Waldorf-Astoria Hotel in New York City zum ersten Mal gemeinsam in der Öffentlichkeit auf.

solchen Strauß haben und vor allem so aussehen wollte wie der Hollywood-Star bei seiner Trauung. Allerdings wohnte kein einziger Vertreter des europäischen Hochadels der Märchenhochzeit bei. Das hatte nicht unbedingt mit der Hollywood-Schauspielerin zu tun, sondern vielmehr mit dem Umstand, dass die Grimaldis damals von den anderen Königs- und Fürstenhäusern als nicht ebenbürtig angesehen wurden. Dass sich dies im Laufe der nächsten Jahre änderte, war das Verdienst von Gracia Patricia.

Aus dem Filmstar wurde ein Society-Star – und für Grace Kelly endete nicht nur eine der hoffnungsvollsten Hollywood-Karrieren, sondern auch der Traum von Freiheit, Glück und – last but not least – echter Selbstbestätigung. Was Gracia Patricia an der Seite des Mannes erlebt, der dringend Nachwuchs benötigte, um Monaco nicht an Frankreich zu verlieren, lässt sich rückblickend nicht mehr im Detail nachvollziehen. Erzählungen und Berichte darüber sind recht widersprüchlich, und wer kann schon wissen, welche Geschichten der Regenbogenpresse nun der Wahrheit entsprechen und welche nur frei erfunden sind. Ihr berühmter Satz »Ich werde lernen, ihn zu lieben« deutet allerdings darauf hin, dass ihr fürstliches Dasein ein hohes Maß an Selbstdisziplin erforderte. Grace schenkte dem Fürstentum den lang ersehnten Thronfolger und brachte Glamour und Stil, vor allem aber lockte sie amerikanische Edeltouristen in den muffigen Zwergstaat.

Das richtige Leben wirkt fast wie eine Operetteninszenierung, aber die Fürstin sitzt in einem goldenen Käfig und ist gezwungen, auf Rollen im Filmgeschäft zu verzichten. Ihre kühle Distanz – in Hollywood noch Zeichen ihrer besonderen Erotik – lässt die Umwelt bis zum letzten Tag darüber rätseln, ob sie wirklich ihr Glück gefunden hat. Für ihre Zurückhaltung gibt es sicher mehrere Gründe: Ihr mangelndes Selbstvertrauen in der Rolle als Landesmutter wirkt sich oft lähmend auf ihre Spontaneität aus. Ihre Sprachschwierigkeiten, die unzureichende Vertrautheit mit dem Protokoll, die Angst davor, ihren Gatten in Verlegenheit zu bringen, ja sogar ihre Kurzsichtigkeit führen während öffentlicher Auftritte zu einer Abkapselung. Davon sind nicht nur ihre Freunde, die sie als herzlich und lebensbejahend kennen, sondern vor allem ihre Untertanen befremdet. Umso schwerer wird es für sie, neue Freundschaften zu schließen und der Einsamkeit zu entrinnen. Trotzdem geht Gracia Patricia mehr oder weniger vollständig in ihrer neuen Rolle auf. Sie widmet sich einer Unzahl repräsentativer und karitativer Aufgaben, wird Präsidentin des Roten Kreuzes in Monaco und der monegassischen Sektion der »La Leche League« (Die Milch-Liga), einer Gesellschaft, die das Stillen mit der Mutterbrust propagiert. Gracia lädt zu Galas ein und ruft den berühmten Rosenball und die Blumenschau ins Leben. Außerdem organisiert sie Ballettabende, Konzerte und Wohltätigkeitsveranstaltungen. 1963 gründet sie die Kinderhilfsorganisation »Association Mondiale des Amis de l'Enfance« (AMEDE). Im November 1970 wirkt sie an einer Londoner Wohltätigkeitsveranstaltung neben Frank Sinatra und Bop Hope mit. 1976 wählt man sie in den Aufsichtsrat des Filmstudios »Twentieth Century Fox«.

Gracia Patricia zeigte Monaco den Glanz der großen weiten Welt und die gelegentlichen Vorteile amerikanischer Sitten. Ein vollwertiger Ersatz für ihr bisheriges Leben schien das nicht gewesen zu sein, aber die Fürstin besaß offenbar ein seltenes Talent, sich mit restlos allen Umständen so zu arrangieren, dass der breiten Öffentlichkeit nichts anderes übrig blieb, als »die schönste Frau der Welt« aus vollstem Herzen zu beneiden. Ihr Käfig Monaco öffnete sich nur dann, wenn Freunde aus der alten Heimat zu Besuch kamen und sie einmal wieder englisch sprechen konnte. Da sie nicht filmen durfte, veranstaltete sie Lesungen, denen ihr Gatte meistens mangels Interesse fernblieb. Gracia Patricia versank immer wieder in Einsamkeit und pflückte Farne und Kräutlein an den mediterranen Wegrändern ihres putzigen Fürstentums. Dann presste sie die Pflänzlein zu kunstvollen Arrangements und stellte sie aus. Eine Kritikerin schrieb folgerichtig: »Blumenpressen ist wahrscheinlich die trostloseste Kunstform, die die Menschheit kennt … die Blumen sehen tatsächlich tot aus.«

Die ganze Welt trauerte am 14. September 1982 mit dem kleinen Fürstentum Monaco: Gracia Patricia war bei einem Autounfall ums Leben gekommen.

Nach ihrer Hochzeit hat die Hollywood-Diva auf den Platz hinter der Kamera gewechselt. Sie dokumentierte mit einer Schmalfilmkamera das Leben ihrer Familie. Die Regie soll sie dabei gelegentlich ihrem Gatten überlassen haben. Fürst Rainier III. hielt die Farbfilme bis zu seinem Tod unter Verschluss. Fürst Albert II. übergab diese und den von MGM produzierten Hochzeitsfilm seiner Eltern später dem Filmarchiv Monaco. Das ZDF

Während Grace drauf und dran war, Fürstin zu werden, stand sie immer noch bei MGM unter Vertrag. Sie reiste nach Hollywood und fing im Januar 1956 mit den Dreharbeiten zu »Die oberen Zehntausend« an. Als sie im Bahnhof von Pasadena ankam, wurde sie von einer Meute Reportern umringt.

»In den ersten Jahren, als sie nicht mehr in Amerika wohnte, gab es Zeiten, in denen sie sich weigerte, mit jemandem zu telefonieren, der kein Vertrauter von damals war. Sie wurde traurig, wenn das Telefon klingelte und wir ihr sagen mussten, dass es keiner ihrer amerikanischen Freunde war.«

Palastsekretärin Bettina Campbell

zeigte im Jahr 2009 erstmals Ausschnitte der privaten Filmaufnahmen, die eines anschaulich offenbaren, dass Grace und Rainier offensichtlich gute Eltern waren, sie gaben ihren Kindern Geborgenheit und Stabilität. Dass die beiden selbst erst einmal zueinander finden mussten, erzählte Grace Kellys älteste Freundin, die zuvor noch nie ein Interview gegeben hatte. Lange galten die schöne Gracia Patricia und der Fürst als Traumpaar, sie präsentierten sich mit ihren Kindern als glückliche Vorzeigefamilie. Aber es war nicht alles Gold, was glänzte. Glamour hieß nicht automatisch Glück. Heimweh nach Amerika machte der Fürstin am Anfang ihrer Ehe das Leben schwer. Auch Ehemann Rainier blieb ihr lange eher fremd. Erst mit den Jahren lernten Grace und Rainier, sich miteinander zu arrangieren, und die Kinder verbanden die beiden wohl schließlich in Liebe. In der Öffentlichkeit präsentierte sich das Paar so märchenhaft wie in einem Hollywoodfilm. Grace-Kelly-Biograf Randy Taraborrelli stellte in der Sendung fest: »Es scheint, dass Grace und Rainier sich schließlich in ihrer Ehe gefunden haben. Sie haben gelernt, einander zu lieben, aber vielmehr noch haben sie gelernt, einander zu respektieren.«

Trotzdem hat es mehrere Seitensprünge des Fürsten gegeben, während sich Gracia Patricia – ganz anders als zu Hollywood-Zeiten – auf keine Affären mehr eingelassen hat. Ins Gerede kam sie in den 1970er Jahren, als sie mit dem Regisseur Robert Dornhelm bei verschiedenen Dokumentarfilmen zusammenarbeitete. Robert Dornhelm bezweifelt, dass »Grace mit irgendjemandem ein Verhältnis hatte. Wie konnte sie auch? Sie war doch dauernd von Reportern und Fotografen umlagert. Die haben sie manchmal zum Wahnsinn getrieben. Ich würde gern annehmen, dass sie hin und wieder eine Affäre hatte, denn das hätte ihr nur gutgetan. Aber ich kann mir beim besten Willen nicht denken, wie sie das hätte anstellen sollen.« Trotzdem wollten die Gerüchte nicht verstummen, aus der Freundschaft zwischen Gracia Patricia und Robert Dornhelm habe sich eine Liebesaffäre entwickelt. Dornhelm bestreitet, dass seine Beziehung zu Grace über den Rahmen einer rein platonischen Freundschaft hinausgegangen sei: »Ich betrachte es als Kompliment, dass die Leute so was annehmen, aber Grace und ich, wir waren nur Freunde – sehr enge Freunde allerdings –, und das war erstaunlich, denn wer war ich damals schon? Aber sie brauchte einen Gesprächspartner, der nicht zum Hochadel gehörte oder zu den oberen Zehntausend, die Geld und Macht besitzen. Sie hat mir oft erzählt, dass sie sich nach den Tagen zurücksehne, da sich noch niemand nach ihr umdrehte und sie unbehelligt durch die Straßen von Paris streichen oder mit ihren Einkaufstüten in der Metro fahren konnte. Wir haben 'ne Menge Spaß miteinander gehabt. Den Leuten fiel auf, dass wir unheimlich viel lachten und wahnsinnig gern zusammen tanzten. Unsere Beziehung stand unter einem besonders guten Stern.«

Anfang der 1960er Jahre zählte Gracia Patricia zu den meistbewunderten, -gerühmten und -nachgeahmten Frauen der Welt – Maurice Zolotow schrieb 1961 in seinem Porträt über die Fürstin: »Eins der Kuriosa unserer modernen Gesellschaft ist das unverminderte Interesse der Weltöffentlichkeit an einer gewissen großen, schlanken, zweiunddreißigjährigen Blondine, Ehefrau und Mutter von zwei Kindern ..., die seit sechs Jahren weder in sozialer noch in künstlerischer, politischer oder wirtschaftlicher Hinsicht etwas so Weltbewegendes geleistet hat, dass man die ihr gezollte Aufmerksamkeit damit rechtfertigen könnte ... Sie gehört zu jenen sieben Frauen, mit denen sich die internationale Presse im letzten Jahrzehnt am ausführlichsten beschäftigte; die sechs anderen sind Prinzessin Margaret von England, Marilyn Monroe, Brigitte Bardot, Elizabeth Taylor, Jacqueline Kennedy und Königin Elizabeth II. Heute wird in europäischen und amerikanischen Illustrierten und Zeitschriften mehr über Fürstin Gracia geschrieben als 1954, da sie auf dem absoluten Gipfelpunkt ihrer Karriere stand und einer von Hollywoods eindrucksvollsten Filmstars war ...«

Missstimmungen drangen nur selten nach außen, obwohl Gracia Patricia praktisch Tag und Nacht von der Boulevardpresse verfolgt wurde, denn nach ihrer Vermählung wurde ihr Privatleben in noch stärkerem Maß ein bevorzugtes Sujet der Medien. Mit 21 Böllerschüssen ließ das Fürstenpaar 1957 die Geburt des ersten Kindes verkünden, Prinzessin Caroline. Am 14. März 1958 waren es dann 101 Salutschüsse für die Geburt von Erbprinz Albert Alexandre Louis-Pierre Marquis de Baux. Die Freude war groß im kleinen Fürstentum Monaco, als Fürstin Gracia Patricia ein Jahr nach der Geburt von Tochter Caroline den ersehnten Sohn zur Welt brachte. Nach drei Fehlgeburten komplettierte Prinzessin Stéphanie, die 1965 geboren wurde, das Nachwuchstrio des Fürstenpaares. Bereits bei den Hochzeitsvorbereitungen soll Grace Zweifel gehabt haben, ob ihre Entscheidung richtig war, aber ein Zurück war nicht mehr möglich, berichtet ihr Biograf Randy Taraborrelli. Nach den Geburten der ersehnten Kinder soll sie ernsthaft eine Scheidung erwogen haben. Nach der Prüfung

durch einen Anwalt war schnell klar, dass dies nicht in Frage kam, da sie sonst die Kinder verlieren würde. Als kleiner Prinz gehörte Fürst Albert II. von Monaco seinerzeit zu den am meisten fotografierten Babys. Albert hatte eine glückliche Kindheit, liebevoll umsorgt von seinen Eltern. Auf Filmaufnahmen ist zu sehen, wie der junge Prinz im Garten des Familien-Landsitzes Roc Agel spielt. Er machte sein Abitur auf einem Schweizer Internat, nach der Schulzeit zog es den Kronprinzen in die Heimat seiner Mutter – nach Amerika. 1976 nahm er sein Studium am Amherst College in Massachusetts auf. Seine Interessen waren breit gefächert. So studierte er neben Politikwissenschaften, Wirtschaft und Psychologie auch Philosophie und englische Literatur. Außerdem liebt er den Sport: Bereits zu Universitätszeiten machte er sich als Mittelstreckenläufer einen Namen. Nach seinem Studium kehrte Albert nach Monaco zurück und absolvierte 1981 seinen Militärdienst: Er schiffte für ein halbes Jahr auf dem Hubschrauberträger »Jeanne d'Arc« der französischen Marine ein. Erste Erfahrungen im Finanzmanagement sammelte er bei der New Yorker Wirtschaftsbank »Morgan Guaranty«, anschließend arbeitete er bei der berühmten Champagnerfirma Moët-Hennessy in Paris. Es folgten Praktika bei einer Werbeagentur und in einer Anwaltskanzlei.

Die ganze Welt trauerte am 14. September 1982 mit dem kleinen Fürstentum Monaco: Gracia Patricia war bei einem Autounfall ums Leben gekommen. Bittere Ironie des Schicksals, denn kurz nach ihrer Trauung 1956 hatte sie gesagt: »I just don't like driving in any automobile.« – »Ich hasse Autofahren.« Die Staatsstraße Nr. 53 wurde ihr zum Verhängnis. Diese Straße führt in engen Windungen direkt an der Steilküste entlang, auf ihr kommt man vom fürstlichen Sommersitz La Turbie nach Monaco. Gracia Patricia war am 13. September 1982 mit ihrer damals 17-jährigen Tochter Stéphanie unterwegs zum Grimaldi-Palast. In einer Haarnadelkurve verlor sie die Kontrolle über das Fahrzeug, der Wagen durchbrach die Leitplanke und stürzte 40 Meter in die Tiefe. Auf dem Grundstück, auf das der Wagen krachte, arbeitete ein Gärtner. Er löschte das brennende Wrack und befreite Prinzessin Stéphanie. Die Fürstin konnte erst wesentlich später von Rettungskräften geborgen werden. Während Stéphanie mit einem gebrochenen Halswirbel davonkam, wurde die Fürstin lebensgefährlich am Kopf verletzt. Zunächst wurde abgewiegelt: Die Fürstin sei zwar ohne Bewusstsein, es ginge ihr aber den Umständen entsprechend gut. Die Prinzessin sei bereits auf dem Wege der Besserung. Gracia starb einen Tag später im Alter von 52 Jahren in dem Krankenhaus, das ihren Namen trägt.

»Ich wünsche mir, dass man mich als eine Frau im Gedächtnis behält, die stets bemüht war, ihre Aufgabe getreulich zu erfüllen; die verständnisvoll war und gütig.«

Das traurige Ende der Fürstin von Monaco, die von der Klatschpresse belagert wurde wie nach ihr nur Lady Diana, bewegt bis heute die Gemüter ihrer zahllosen Bewunderer. In den letzten Jahren ihres Lebens hatte sich Gracia Patricia gewandelt: Neben der sichtbaren Gewichtszunahme war von regelmäßigem, vor allem aber übermäßigem Alkoholkonsum die Rede. Schon immer hatte sie eine Vorliebe für starke Cocktails, zahlreiche Anekdoten über Zechgelage mit ihr waren diesseits und jenseits des Atlantiks im Umlauf. Seit Mitte der 1970er Jahre gab Gracia Patricia es auf, ihren Alkoholkonsum unter Kontrolle zu halten. Kelly-Biograf Randy Taraborrelli berichtet erschreckend detailliert von Auseinandersetzungen zwischen Grace, Rainier und ihren Töchtern: »Sie schrien sich an, bis sie heiser waren.« Auch heißt es, dass Gracia Patricia von Depressionen geplagt wurde, denn sie war von ihren Kindern maßlos enttäuscht, vor allem von den Töchtern, die sich keinerlei Konventionen beugen wollten und die Mutter in die Verzweiflung trieben.

Noch immer gibt ihr früher Tod Anlass zu abenteuerlichen Spekulationen: Die minderjährige Stéphanie hätte am Steuer gesessen und die Kontrolle über den Wagen verloren. Die Mafia hätte den Wagen manipuliert. Es wurde sogar behauptet, die Fürstin sei betrunken gefahren. Die offizielle Erklärung zum Unfallhergang wurde erst lange nach dem Tod von Gracia Patricia veröffentlicht. Es hieß, die Fürstin hätte am Steuer einen Schlaganfall erlitten und dadurch die Gewalt über den Wagen verloren. Trotzdem wurde später oft erzählt, Gracia Patricia sei in ebenjener Haarnadelkurve verunglückt, wo sie die prickelnde Picknickszene mit Cary Grant für den Film »Über den Dächern von Nizza« gedreht hatte. Es war eine andere Kurve, nicht weit entfernt, aber ohne den Film hätte die Kinoprinzessin den echten Fürsten Grimaldi vielleicht nie kennengelernt. Nur weil es ihr bei den Dreharbeiten in Südfrankreich so gut gefallen hatte, reiste sie 1955 zu den Filmfestspielen nach Cannes, wo sie Fürst Rainier traf.

Hochzeit des Jahrhunderts am 19. April 1956 für Grace Kelly und Fürst Rainier. Geschätzte 50.000 Menschen erwarteten Grace Kellys Ankunft in Monaco – das kleine Fürstentum hatte nicht mal halb so viele Einwohner.

Die Begegnung zwischen Grace und Rainier war eigentlich die Idee der französischen Illustrierten *Paris Match*. Der Herausgeber des Magazins wünschte sich eine Fotoreportage, die das Leserinteresse am Festival von Cannes wecken würde. Alle waren sich einig, dass Grace Kelly, die gerade den Oscar gewonnen hatte, beim Festival im Brennpunkt des Interesses stehen würde. Unklar war man sich allerdings darüber, wie man die Schauspielerin wirksam genug herausstellen könne, um der Story Aktualitätswert zu verleihen. Gaston Bonheur, der Chef vom Dienst, hatte dann die Idee, ein Treffen zwischen Grace Kelly und dem Fürsten von Monaco zu arrangieren. Der Publicity-Wert einer solchen Story leuchtete allen ein. Kaum ein Franzose, der nicht über Fürst Rainier auf dem Laufenden war, vor allem auch über seine jahrelange Affäre mit der beliebten französischen Schauspielerin Gisèle Pascal war man bestens unterrichtet. Als man schon annahm, er würde Gisèle Pascal heiraten, hatte der Fürst die Beziehung unvermittelt abgebrochen, da die Ärzte ihm mitteilten, sie könne keine Kinder bekommen (Ironie des Schicksals: Der Test war falsch, Jahre später gebar die Entlobte ein Kind). Dass die Frau des Fürsten in der Lage sein sollte, ihrem Gatten einen Erben zu schenken, war für Monaco staatspolitisch außerordentlich wichtig; nach den Statuten eines Vertrages von 1918 würde das Fürstentum an Frankreich fallen, sollte der Souverän ohne Nachkommen sterben. So wurden die möglichen Heiratspläne Rainiers mit ungewöhnlich regem Interesse verfolgt. Ein Treffen zwischen einer beliebten und ledigen amerikanischen Schauspielerin und dem jungen Fürsten musste ganz einfach die Prominenten-Beobachter in allen Ecken des Kontinents aufhorchen lassen. Es wäre für alle Beteiligten ungeheuer peinlich gewesen, hätte Grace Einwände gegen ein Treffen mit dem Fürsten erhoben, denn *Paris Match* hatte im Schloss bereits seine Fühler ausgestreckt. Doch Grace Kelly war zu dem Treffen bereit, und so brauste sie am 6. Mai 1955 über die kurvenreiche Straße zur ersten Begegnung mit Fürst Rainier in den Palast.

»Er hatte sie … auf sein Schloss geführt und ihr die Tummelplätze seiner mannigfachen Liebhabereien gezeigt«, hieß es in einem Bericht des Nachrichtenmagazins *Der Spiegel*: »Seine Bastlerwerkstatt, sein Bildhaueratelier, seine umfangreiche Schallplattensammlung, seine Jazzinstrumente, die er meisterhaft spielt, und auch seine Menagerie. Grace Kelly erschauerte, als er sich von der Pantherin ›Mouk‹ durch das Zwingergitter umarmen ließ und dann den Löwenkäfig betrat, um mit der zweieinhalbjährigen Löwin ›Ma poule‹ einen Dressurakt vorzuführen.« In der Presse löste Grace Kellys Aufenthalt in Cannes etliche Spekulationen über ihr Liebesleben aus, allerdings hatten diese Gerüchte nichts mit Fürst Rainier zu tun, denn Grace Kelly traf sich mit Jean-Pierre Aumont, mit dem sie 1953 bei der Arbeit an dem Fernsehspiel »The Way of the Eagle« eine Affäre gehabt hatte. Eigentlich wollte sie ihn schon bei den Dreharbeiten zu »Über den Dächern von Nizza« wiedertreffen, doch da war sie in Begleitung ihres Verlobten Oleg Cassini in Frankreich. Die Festspiele in Cannes aber besuchte sie allein. Als Grace aus Monaco zurückkam, erkundigte sich Aumont, wie ihre Begegnung mit dem Fürsten verlaufen sei. Sie bezeichnete ihn als sehr nett und charmant. Doch bei einer Party erschien es den Journalisten, als sei Grace Kelly in den französischen Schauspieler Jean-Pierre Aumont verliebt: Sie unterhielten sich vertraulich und sahen sich beim Tanzen tief in die Augen.

Für die Reporter ein gefundenes Fressen – selbst im Magazin *Time* erschien ein Foto des tanzenden Paares: »Grace Kelly, normalerweise in der Rolle der Göttin aus Eis«, hieß es in der Bildunterschrift, »taute in der Gesellschaft des französischen Schauspielers Jean-Pierre Aumont merklich auf … Hat Aumont, der kam, sah und zum Schmelzen brachte, Grace tatsächlich besiegt?« In Paris wurde schon bald das Gerücht ausgestreut, Grace und Aumont würden in Kürze heiraten. Englische Zeitungen meldeten sogar, Aumont habe seine Verlobung mit Grace »bekannt gegeben«. Als man ihn wenig später fragte, ob er Grace heiraten wolle, antwortete Aumont: »Welcher Mann möchte das nicht? Ich bete sie an. Sie ist wunderbar. Sie ist charmant, entzückend, intelligent und – trotz ihrer Schönheit – bescheiden.« Geheiratet hat Grace Kelly dann allerdings nicht Aumont, sondern den Fürsten Rainier. Abgesehen von der wieder aufgeflammten Affäre mit Aumont, die sich nach dem Cannes-Festival in Paris fortsetzte, war Grace eigentlich noch mit Oleg Cassini verlobt: Einen Tag vor der offiziellen Verlobung mit Fürst Rainier am 5. Januar 1956 gab Grace Kelly ihrem damaligen Verlobten, dem Modeschöpfer Oleg Cassini, den Laufpass.

»Ich wünsche mir, dass man mich als eine Frau im Gedächtnis behält, die stets bemüht war, ihre Aufgabe getreulich zu erfüllen; die verständnisvoll war und gütig«, sagte Fürstin Gracia Patricia von Monaco in ihrem letzten Interview. Der Tod seiner Frau war ein schwerer Schlag für den Fürsten und seine Familie. Den plötzlichen Verlust hat Fürst Rainier nie

»Nachdem die Hochzeit vorbei war, dachte ich gar nicht mehr daran. Ich las ein Jahr lang nicht mal einen einzigen Pressebericht über uns, weil es ein absoluter Albtraum war, diese ganze Sache. Es gab ein oder zwei Momente, die fantastisch waren – die tatsächliche Hochzeit und dann noch ein paar private Momente.«
Grace Kelly

verwunden. Nach dem Tod der Fürstin gab es offiziell nie wieder eine Frau an seiner Seite. Die Beerdigung im Beisein von 800 geladenen Trauergästen war ein Großereignis: Millionen verfolgten den Trauerakt im Fernsehen, und anders als bei der Märchenhochzeit im Jahr 1956 versammelten sich Vertreter aller europäischen Königshäuser, Staatsmänner und Filmstars in der Kathedrale von Monaco, um Abschied von ihrer Fürstin der Herzen zu nehmen. Beerdigt wurde Garcia Patricia alias Grace Kelly in der St-Nicholas-Kathedrale, wo sie einst Fürst Rainier III. ihr Jawort gab. Täglich besuchen Touristen ihr Grab in der Kathedrale.

Fürst Rainier fand die letzte Ruhestätte an der Seite seiner Frau Gracia Patricia in der Apsis der Kathedrale.

Nach dem Tod seiner Mutter im Jahr 1982 suchte Albert Ablenkung im Sport. Er nahm als Bobfahrer an Olympischen Spielen teil, lief Marathon, ruderte oder spielte Baseball. Aber auch bei Fußball-Benefiz-Veranstaltungen zog sich der Adelige gern ein Trikot über. Fürst Albert II. widmete sich außerdem zahlreichen humanitären Aufgaben. Seit 1982 ist er Präsident des Roten Kreuzes in Monaco, und mit einer eigenen Hilfsorganisation unterstützt er Projekte in der Dritten Welt. »Ich sehe so viel Elend auf der Welt, dass ich wenigstens helfen möchte, es ein wenig zu lindern«, das ist das Motto des Fürsten. Auch versuchte er sich als Schauspieler und trat in einer Nebenrolle im Film »One Man's Hero« auf. Der einzige Sohn von Rainier und seiner Frau Gracia Patricia stand lange im Schatten seiner beiden Schwestern. Er gilt als schüchtern und hat einmal eingeräumt, auf das Amt des Fürsten nicht sonderlich erpicht zu sein. »Ich habe öffentliche Angelegenheiten nicht immer als anziehend empfunden, und vielleicht ist das heute immer noch ein bisschen so«, sagte der Erbprinz 1998 der Zeitschrift *Paris Match*. Doch das sollte sich in den nächsten Jahren ändern.

1997 feierte Monaco stolz das 700-jährige Jubiläum der Grimaldi-Dynastie. Fürst Rainier enthüllte ein Standbild seines Vorfahren Francesco Grimaldi, der 1297 den Felsen erobert hatte. Am 31. Mai 2003 feierte der Fürst seinen 80. Geburtstag, und obwohl gesundheitlich angeschlagen, hatte das Grimaldi-Oberhaupt Rücktrittsgerüchte immer wieder zurückgewiesen. Die Sorgen der Monegassen mehrten sich, als ihr Souverän am 7. März 2005 erneut in die Herz-Lungen-Klinik des Staates eingeliefert wurde und zwei Wochen später auf die Intensivstation verlegt werden musste. Nachdem kaum Hoffnung auf Besserung bestand, übernahm Prinz Albert am 31. März 2005 die Regentschaft über das Fürstentum. Tatsächlich erholte sich Rainier III. nicht mehr und verstarb am 6. April 2005. 56 Jahre stand er an der Spitze des Fürstentums. Seine Familie herrscht in dem Kleinstaat an der Riviera seit 1297. Rainier fand die letzte Ruhestätte an der Seite seiner Frau Gracia Patricia in der Apsis der Kathedrale.

Monarchen wie König Carl XVI. Gustaf und Königin Silvia von Schweden, der spanische König Juan Carlos und der belgische König Albert II. sowie Staatsvertreter aus aller Welt nahmen in der Kathedrale von Monaco Abschied von Fürst Rainier III. Als ältester Monarch Europas wurde der verstorbene Fürst von der britischen Königin Elizabeth II. abgelöst, die nicht zu den Trauerfeiern reiste, sondern von ihrem Sohn Prinz Andrew vertreten wurde. US-Präsident George W. Bush entsandte den früheren US-Marineminister John Lehman. In seiner Predigt würdigte Erzbischof Bernard Barsi die enge Beziehung Rainiers zu seinem Volk während seiner 56-jährigen Regentschaft. Mit ernsten Gesichtern verfolgten Thronfolger Albert II., die Prinzessinnen Caroline und Stéphanie sowie deren Kinder die Zeremonie. Carolines Mann, Ernst August Prinz von Hannover, musste wegen einer Entzündung der Bauchspeicheldrüse im Krankenhaus bleiben. Bei dem Trauergottesdienst standen dem Erzbischof von Monaco vier weitere Bischöfe und Erzbischöfe sowie der Nuntius in Frankreich, Fortunato Baldelli, zur Seite. »Für uns alle war der Fürst sicher der Souverän des Staates, aber auch ein Freund, ein Mitglied unserer Familie«, sagte der Erzbischof. »Jetzt fühlen wir uns verwaist.« Er erinnerte an Rainiers hartnäckiges Wirken für die Unabhängigkeit des Fürstentums sowie an seinen Einsatz gegen die Nazis im Zweiten Weltkrieg und für die Befreiung Frankreichs: Während der deutschen Besetzung schloss sich der Student Grimaldi einer Pariser Widerstandsgruppe an, die an der Universität Rekruten für Sabotage- und Kurierdienste warb, schlug sich dann auf die Seite de Gaulles, nahm an den Kämpfen im Elsass teil und kam schließlich als Besatzungs-Hauptmann der französischen Armee nach Berlin-Reinickendorf und bezog am Tegeler See Privatquartier.

Nach der Beisetzung Rainiers bestieg sein einziger Sohn Albert Alexandre Louis Pierre Rainier Grimaldi als Albert II. den Grimaldi-Thron. Die offizielle Inthronisation fand am 19. November 2005 – dem monegassischen Nationalfeiertag – statt und wurde mit einem Gottesdienst

Nicht jeder Journalist war entzückt von der Hochzeit mit Fürst Rainier. Grace war »zu sehr ein ganz normales Mädchen, um den stillen Teilhaber eines Spielkasinos zu heiraten«, unkte die *Chicago Tribune*.

»Oui, je veux«: Grace Kelly sagt: »Ja, ich will.«

in der Kathedrale, dem Besuch der frisch renovierten Oper sowie einem gediegenen Fest im Salle Empire des Hôtel de Paris begangen. Die Zeitung *Le Journal du Dimanche* beschrieb den passionierten Sportler in einem Porträt wie einen pflichtbewussten Schüler, der sich seit seiner Kindheit gewissenhaft auf seine vorbestimmte Rolle als Monarch vorbereitet. Sein Vater Rainier sagte im Herbst 2000 in einem Interview mit *Le Figaro*: »Prinz Albert verfügt über alle Eigenschaften, um eines Tages Fürst zu werden. Aber erst möchte ich, dass er Nachkommen hat, weil das für die Zukunft des Fürstentums und unserer Familie essenziell ist.« Auch ohne eheliche Kinder rückte Albert von Monaco nun in die erste Reihe. Eine Woche vor seiner Inthronisation bekannte sich Albert II. offiziell zu seinem unehelichen Sohn. Mehrere Jahre lang hatte er eine Liaison mit der Stewardess Nicole Coste. Aus der Verbindung ging der am 24. August 2003 in Paris geborene Alexandre hervor. Da er ein »nicht legitimes Kind« sei, wird er weder den Namen Grimaldi tragen, noch Anspruch auf den Thron haben, heißt es aus dem Fürstenhaus. Wenig später bekannte sich Fürst Albert außerdem zu seiner Tochter Jazmin Grace (geboren am 4. März 1992). Mit ihrer Mutter Tamara Jean Rotolo, einer ehemaligen Kellnerin aus den USA, hatte er eine kurze Affäre. Noch immer fehlt eine Ehefrau an seiner Seite. Das Problem der monegassischen Thronfolge lastet aber zukünftig nicht mehr auf Alberts Schultern. Seit April 2002 gilt das alte Recht nicht mehr, nach dem das Fürstentum beim Tod des Regenten an Frankreich zurückfällt, wenn dieser keinen männlichen Nachkommen hat. Heute gilt: Falls Albert ohne »legitime Nachkommen« bleibt, können bei seinem Ableben seine Schwestern oder deren Kinder den Thron besteigen. Die Zukunft des 700 Jahre alten Grimaldi-Geschlechts scheint damit gesichert.

Zum 25. Todestag von Gracia Patricia hatte Albert II. von Monaco seine Mutter mit einer »Hommage an Grace Kelly« geehrt

Mit der eng gestaffelten Hochhauskulisse steht der berühmte Zwergstaat Monaco noch immer für Luxus und Glamour, für halbfeudale Herrschaftsstrukturen und Hightech, für umstrittene Finanzaktivitäten und »grüne« Zukunftspläne, ist der Regenbogenpresse liebstes Kind und eine Hochburg sportlicher und kultureller Events. Der Reigen der Veranstaltungen beginnt im Januar mit dem Internationalen Zirkusfestival unter der Schirmherrschaft der Fürstenfamilie, gefolgt von der seit 1911 ausgetragenen Rallye Monte Carlo, die hauptsächlich durch die französischen Seealpen kurvt. Im April startet das Tennis-Masters-Series-Turnier und Ende Mai röhren die Boliden der Formel 1 durch die Häuserschluchten (das neben Valencia einzige auf öffentlichen Straßen ausgetragene Formel-1-Rennen Europas). Überregionale Bedeutung haben die Oper, das Ballettensemble und das Philharmonische Orchester von Monte Carlo erworben und von beträchtlicher Ausstrahlung sind auch die Darbietungen im Théâtre Princesse Grace. Einen prominenten Platz in der internationalen Musik- und Fernsehbranche nehmen die jährlichen World Music Awards und das Fernsehfestival ein. Man baute in die Höhe und das nicht besonders fantasievoll. Die frühen Sünden des Baubooms sind mittlerweile einem überlegten Umgang mit der Gestaltung des Fürstentums gewichen. Baudichte und Bauhöhe sind festgelegt.

In der Abkehr von gigantischen Projekten und einer behutsamen und diskreten Umwandlung Monacos in ein grünes Musterländle, das sich nachhaltiger Entwicklung verschreibt und als vollwertiger Finanzplatz positioniert, sieht Fürst Albert II. offenbar die Zukunft seines Landes. Ethik ist nicht teilbar. Geld und Ehrenhaftigkeit müssen dauerhaft im Einklang stehen, sagt er im April 2005 anlässlich seines Amtsantritts, der Umweltschutz liege ihm besonders am Herzen. Gleich zu Beginn seiner Regentschaft unterzeichnet er im Februar 2006 das Kyoto-Protokoll zur Reduzierung klimaschädigender Gase. Im gleichen Jahr gründet er außerdem die »Prince Albert II. of Monaco Foundation«, eine Stiftung, die erneuerbare Energien, den Klimaschutz, Trinkwasseraufbereitung und den Artenschutz fördert. Zudem ist Fürst Albert Schirmherr der »Billion Tree Campaign« der UN-Umweltorganisation UNEP, die das Weltklima durch umfangreiche Wiederaufforstungen zu verbessern versucht.

Während Albert in den Jahren vor seiner Regentschaft von der Boulevardpresse lediglich als Partyprinz gefeiert wurde – als Beleg dienten unzählige Fotos von Albert mit leicht bekleideten Schönheiten, gerieten seine beiden Schwestern mit schöner Regelmäßigkeit in die Schlagzeilen und schmückten unzählige Titelblätter. In puncto Diskretion bewiesen sie deutlich weniger Geschick als ihre Mutter Gracia Patricia. Stéphanie ging nach dem Tod der Mutter eigene Wege. Sie versuchte sich als Model, entwarf Mode und startete eine Karriere als Popstar, erfolgreich, aber nicht von Dauer. Ein turbulentes Leben – beruflich und privat. Bei der

»Die Hochzeit des Jahrhunderts« wurde von geschätzten 30 Millionen Europäern im Fernsehen verfolgt. MGM filmte die Zeremonie und strahlte sie später in den USA aus. Jack Kelly Sr. nannte die Feier »ein Cecil-B.-de-Mille-Spektakel«. Die Fläche des Fürstentums Monaco beträgt nicht mal zwei Quadratkilometer. Dore Schary, Präsident von MGM, spottete: »Herrje, das ist ja noch kleiner als unser Studiogelände.«

Wahl ihrer häufig wechselnden Lebenspartner zog sich Prinzessin Stéphanie oft den Ärger ihres Vaters zu. Ihr erster Mann, der Leibwächter Daniel Ducruet, hatte lange Zeit Palastverbot. Sie trennte sich von Ducruet nach dessen Techtelmechtel mit einer Stripperin. Es folgten: ein uneheliches Kind mit einem Leibwächter – und viele in der Presse diskutierte Liaisons. Im September 2003 heiratete sie den zehn Jahre jüngeren portugiesischen Trapez-Artisten Adans Lopez Peres – und wieder ist nach einem Jahr das Liebesglück zu Ende.

Prinzessin Carolines erste Ehe mit dem französischen Industriellen und Playboy Philippe Junot wurde 1980 nach zwei Jahren geschieden. Tragisch endete die Ehe mit Stefano Casiraghi: Sie heiraten, bekommen drei Kinder und avancieren zur fürstlichen Muster-Familie, dann folgt mit dem Unfalltod Casiraghis ein weiterer schwerer Schicksalsschlag. Durch ihre Heirat mit Ernst August von Hannover schafft Caroline als erste Grimaldi den Sprung in den europäischen Hochadel. Seit dem Tod von Gracia Patricia haben Caroline und Stéphanie mehr und mehr die Aufgaben ihrer Mutter übernommen: Stéphanie kümmert sich um Wohltätigkeitsbälle und das berühmte Zirkusfestival. Beide sorgen dafür, dass Monaco weiterhin als Bühne der Reichen und Schönen aus aller Welt besteht. Zum 25. Todestag von Gracia Patricia hat Albert II. von Monaco seine Mutter mit einer »Hommage an Grace Kelly« geehrt und die Archive des Fürstenpalastes geöffnet. Erstmals waren mehr als 2000 persönliche Gegenstände sowie Film-, Foto- und Schriftdokumente zu sehen. 300 geladene Gäste waren bei der Eröffnung der Schau »Die Grace-Kelly-Jahre. Fürstin von Monaco« im Grimaldi Forum dabei – darunter Prominente wie Hollywood-Schauspieler Jack Nicholson. »Albert wollte als Hommage an seine Mutter diese Ausstellung. Er hat die Archive freigegeben und mir völlig freie Hand gelassen«, sagte der Kurator Frédéric Mitterrand, der für seine Dokumentarfilme und Biografien über Persönlichkeiten des 20. Jahrhunderts bekannt ist.

Grace Kellys Leben gleicht einem Film – und genau so war die Ausstellung konzipiert. Der Parcours in 25 Etappen führte den Besucher von Hollywood mit Ausschnitten und Kulissen aus ihren bekanntesten Filmen bis in die Privaträume des Fürstenpalasts an der Côte d'Azur. Großfotos zeigten die Gattin von Fürst Rainier im Sportstadion, bei einer Vernissage im Museum, während eines Opernabends oder auch auf dem Schulweg mit Prinzessin Stéphanie. So bleibt die Erinnerung an Gracia Patricia lebendig, und der »Mythos Monaco« fasziniert auch in der Zukunft.

Es gab tatsächlich zwei Hochzeiten, eine standesamtliche am 18. und eine kirchliche am 19. April. Nach der standesamtlichen Zeremonie sagte Grace: »Jetzt bin ich halb verheiratet.«

Grace und Rainier schnitten den Hochzeitskuchen mit einem Schwert. Jede der sechs Etagen spiegelte einen Teil der monegassischen Geschichte wider.

Grace Kelly benutzte 1956 eine übergroße Handtasche aus Krokodilleder von Hermès, um ihre Schwangerschaft vor der Presse zu verbergen. Das Foto wurde in der Zeitschrift *Life* veröffentlicht und war eine Sensation. Hermès gab der Tasche zu Ehren der Fürstin den Namen »Kelly Crocodile Bag«.

»Wir sind schwanger! Fantastisch! Rainier wird es bald öffentlich verkünden ...«
Grace Kelly in einem Brief an einen Freund, Juli 1956

Albert II. (Albert Alexander Louis-Pierre) wurde am 14. März 1958 geboren. Rainier hatte somit einen männlichen Thronfolger für sein Fürstentum bekommen. An jenem Tag wurden 101 Kanonenschüsse abgefeuert, ein traditionell monegassisches Ritual für ein Neugeborenes männlichen Geschlechts in der Fürstenfamilie.

15. März 1958: Gracia Patricia mit ihrem Sohn Albert, einen Tag nach der Geburt.

Grace brachte jedes ihrer drei Kinder im selben Raum des Palastes zur Welt (dort, wo Rainier einst seine Löwenbabys großzog). Das Zimmer war mit Disneyfiguren dekoriert und mit grüner Seide ausgestattet, die Glück bringen sollte.

»Ich lasse mich nicht durch das öffentliche Leben oder durch irgendetwas anderes aus meinem Job als Mutter drängen.«
Grace Kelly

Prinzessin Caroline wurde am 23. Januar 1957 geboren. »Wenn wir später noch einen Jungen bekommen, wird er der Thronfolger für das Fürstentum werden. Wir werden ihn aber nicht bevorzugen oder lieber haben als die momentane Thronfolgerin, unser erstes Kind Caroline.«
Grace Kelly

»Wenn Kinder gefestigt und stark aufwachsen und eine ordentliche Welt schaffen sollen, muss es zunächst liebevolle, verantwortliche Eltern geben, eine enge Familie, körperlich wie emotional. Wo sollte ein Kind sonst Respekt vor Autoritäten, Rücksichtnahme auf andere Menschen oder Anstand lernen? Die Basis von alledem ist eine enge Familie, in der jeder von jedem geliebt wird.« Grace Kelly

Rainier brauchte einen Thronfolger, und seine Ehefrau musste in der Lage sein, Kinder zu bekommen. Die Berater des Fürsten hatten ihm nicht erlaubt, seine damalige Geliebte Gisèle Pascal, mit der er sechs Jahre lang zusammen war, zu heiraten. Sie hatten fälschlicherweise geglaubt, dass Gisèle unfruchtbar war. Foto: Gracia Patricia bei einem Besuch in einem Krankenhaus

Von den 225 Räumen im Fürstenpalast waren nur fünf königliche Appartements, die Grace ihr Zuhause nennen konnte. Sie zog sich oftmals zurück in das königliche Landhaus Roc Agel auf der Spitze des Mont Agel. Dies war ihr privater Unterschlupf, wenn sie nicht in Monaco verweilte.

Grace und Rainier statteten dem Weißen Haus im Mai 1961 offiziell einen Besuch ab. Grace trug ein grünes, ärmelloses Kleid von Givenchy mit einer passenden Bolero-Jacke. Von links: Jacqueline Kennedy, Fürst Rainier, Gracia Patricia und Präsident John F. Kennedy.

Das Essen im Weißen Haus war nicht das erste Zusammentreffen von Jackie Kennedy und Grace. Jackie erinnerte sich später an einen Streich, den die beiden 1954 gemeinsam ausgeheckt hatten, während John F. sich von einer Rückenoperation erholte: »Grace Kelly posierte als Nachtschwester. Als Jack seine Augen öffnete, dachte er, er würde träumen. Er war nicht mal stark genug, um ihr die Hand zu geben. Er konnte nicht mal sprechen.«

Treffen der First Ladys im Mai 1961 in den USA: Gracia Patricia und Präsidenten-Gattin Jacqueline Kennedy.

»Ich verrichte viel soziale Arbeit, erledige Öffentlichkeitsarbeit und ziehe die Erben der Grimaldis groß.« Grace Kelly

Die Fürstenfamilie in den 1960er Jahren: Prinz Albert, Fürst Rainier, Gracia Patricia und Prinzessin Caroline.

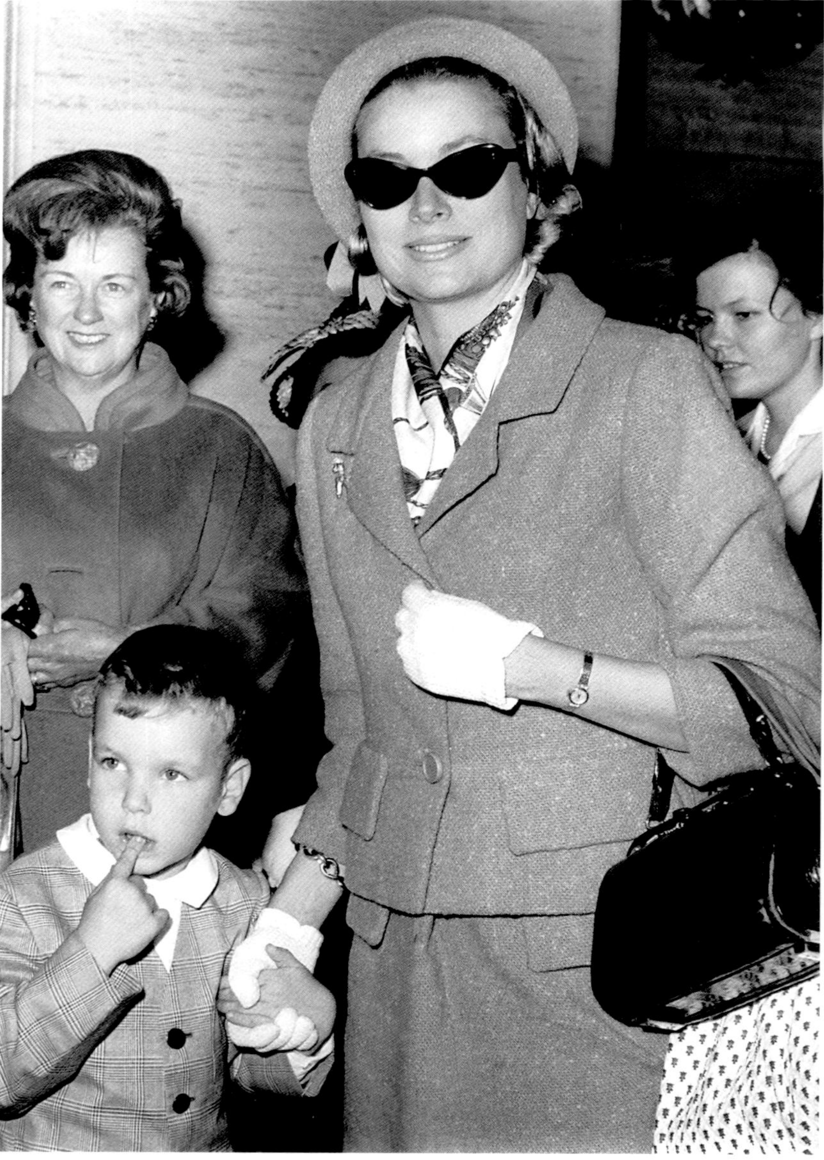

Der kleine Albert musste als einziger Sohn und als Kind zwischen zwei Schwestern mit starkem Willen großen Druck aushalten. Er wurde schüchtern und fing an zu stottern, was er als Teenager aber überwinden konnte. Mai 1963: Prinz Albert und seine Mutter Gracia Patricia in New York.

»Wie kann Caroline wie ein normales Kind aufwachsen, wenn die Mädels in ihrem Alter alle einen Knicks vor ihr machen?«
Grace Kelly

»Ich hatte viele glückliche Momente in meinem Leben, aber ich glaube nicht, dass Glückseligkeit – oder das Glücklichsein – ein immerwährender Zustand ist. Das Leben ist nicht so. Aber ich verfüge über einen gewissen Seelenfrieden, jawohl. Meine Kinder geben mir sehr viel Glückseligkeit.« Grace Kelly

»Immer wenn Grace nach Hollywood kam, gab Rupert Allen eine Party für sie. Rock Hudson und Grace zogen sich meistens in eine Ecke zurück und lachten über irgendwelche albernen Dinge. Sie konnten sich dann oftmals nicht mehr halten vor Lachen.« Tom Clark, Journalist

1960er Jahre: Hollywood zu Gast in Monaco, Gracia Patrica und Fürst Rainier begrüßen den Schauspieler Rock Hudson.

Grace rückte Monaco stark ins Interesse der Öffentlichkeit und belebte das Image des Fürstentums als glamouröser Ferienort. 1960 hatte sich die Zahl der Touristen in dem Stadtstaat im Vergleich zu 1954 verdoppelt.

»Die haben beinahe das verdammte Haus abgerissen.« John Kelly Jr., Grace Kellys Bruder, über die Presse an dem Tag, als die Verlobung verkündet wurde

Grace lernte Französisch während ihrer ersten Jahre in Monaco, ein Hobby, an dem Fürst Rainier sehr interessiert war. Ihre sprachlichen Fehler ließen Rainiers Pfarrer und Ratgeber, Francis Tucker, zu der Bemerkung hinreißen: »Ich wusste, dass Liebe blind macht, aber nicht, dass sie auch taub macht.«

Grace fing bereits in der Grundschule an, Theater zu spielen, wo sie die Rolle der Jungfrau Maria in der jährlichen Weihnachtsaufführung spielte. Im April 1963 eröffnete sie in ihrer ehemaligen Schule Ravenhill Academy in Philadelphia ein neues Theater, im Andenken an ihren Vater.

»Es wäre sehr traurig, wenn Kinder keine Erinnerungen an die Zeit vor der Schule hätten. Vor allem brauchen sie Liebe und Aufmerksamkeit von ihrer Mutter.«

Grace Kelly

»Denkt immer daran, dass euer Großvater ein Maurer und eure Urgroßmutter eine Wäscherin war.« Grace Kelly zu ihren Kindern

Familienfoto ca. 1965: Prinz Albert, Prinzessin Caroline, Gracia Patricia mit Prinzessin Stéphanie und Fürst Rainier.

»Der Katholizismus in unserer Ehe war eine sehr starke Verbindung zwischen uns. Er half, weil es nicht viele andere Verbindungen gab. Wenn man heiratet, ist nicht gleich alles perfekt. Man muss viel tun, damit es funktioniert.« Grace Kelly

»Ich fürchte, ich bin manchmal sehr streng. Außenstehende könnten denken, dass ich mit den Kindern zu hart umgehe. Aber ich gebe ihnen einfach nur so viel Liebe, wie ich ihnen Disziplin beibringe, und das scheint sehr gut zu funktionieren.« Grace Kelly

1968 in London: Prinzessin Caroline, Gracia Patricia, Fürst Rainier und Prinz Albert.

Grace Kelly war den größten Teil ihres Lebens kurzsichtig. Dennoch trug sie selten eine Brille bei öffentlichen Auftritten.

21. September 1971: Gracia Patricia und Prinz Albert begleiten Prinzessin Stéphanie zur Einschulung. Die Fürstin langweilte sich und wurde träge, nachdem ihre Kinder in die Schule gekommen waren. Da sie nun keine Beschäftigung mehr hatte, fing sie an, viel und lange zu schlafen.

»Stéphanie ist ein sieben Jahre alter Teenager – sie ist sehr herrschsüchtig und viel zu klug. Sie ist sehr gütig und hat unwiderstehlichen Charme, was sie davor bewahrt, unmöglich zu sein.« Grace Kelly

Weihnachtsfeier am 23. Dezember 1971: Gracia Patricia und Fürst Rainier mit Prinzessin Stéphanie, die ein Geschenk vom Weihnachtsmann in den Händen hält.

Erst 1963 erhielten Frauen in Monaco das Wahlrecht, was größtenteils den Überzeugungskräften von Fürstin Gracia zu verdanken war.

März 1971: Gracia Patricia begrüßt ihre Schauspiel-Kollegin Ingrid Bergman in Monaco.

Gracia Patricia, Caroline, Albert und Fürst Rainier.

»Ich hatte immer das Gefühl, dass es ihr fehlte, ein Filmstar zu sein. Ich hatte immer das Gefühl, dass sie traurig war. Ich glaube, sie kam sich vor wie ein ungenutztes Talent. Sie war ein Star, und sie brauchte es zu glänzen. Nach einer Weile war es für sie nicht mehr genug, ständig nur den Leuten zuzuwinken.«

Dominick Dunne, Journalist

»Caroline und Stéphanie, sie sind mein Ebenbild ... was auch immer geschieht, Gott möge beiden helfen. Sie sind mein Ebenbild. Was für einen Spaß sie haben werden!«
Grace Kelly, hier mit Prinzessin Caroline

8. August 1981: Gracia Patricia tanzt mit ihrem Sohn Prinz Albert. Nach Rainiers Tod am 6. April 2005 wurde Grace Kellys Sohn Albert der neue Fürst von Monaco.

Grace war Präsidentin vom monegassischen Roten Kreuz. Ihre jährliche Gala für die Organisation wurde ein Muss für Prominente aus der ganzen Welt, mit Gästen wie Frank Sinatra, Sophia Loren oder, wie hier zu sehen, Engelbert Humperdinck.

7. August 1976, Sporting Club Monaco: Der Sänger Engelbert Humperdinck plaudert mit Gracia Patricia.

Grace Kelly und Diana, Prinzessin von Wales, lernten sich im März 1981 kennen, wenige Monate bevor Diana Prinz Charles heiratete. Bei jenem Zusammentreffen mit Lady Di sagte Grace mit trockenem Humor: »Mach dir keine Sorgen, Liebes. Wie du siehst, wird es nur noch schlimmer werden.« Auf dem Foto Lady Diana, Gracia Patricia und Prinz Charles 1981 in Monaco.

Die ganze Welt trauerte am 14. September 1982 mit dem Fürstentum Monaco: Gracia Patricia war bei einem Autounfall ums Leben gekommen.

DIE GROSSEN FILMSTARS IM BILDBAND IN DER REIHE »HOLLYWOOD COLLECTION – EINE HOMMAGE IN FOTOGRAFIEN«
SHIRLEY MACLAINE
SHIRLEY MACLAINE
ISBN 978-3-89602-883-9 | 29,90 €
MARLON BRANDO
MARLON BRANDO
ISBN 978-3-89602-884-6 | 29,90 €
KATHARINE HEPBURN
KATHARINE HEPBURN
ISBN 978-3-89602-885-3 | 29,90 €
HEATH LEDGER
HEATH LEDGER
ISBN 978-3-89602-880-8 | 29,90 €
BRIGITTE BARDOT
BRIGITTE BARDOT
ISBN 978-3-89602-934-8 | 29,90 €
UMFANGREICHE WEITERE INFORMATIONEN ZU ALLEN BÜCHERN FINDEN SIE AUF UNSERER WEBSITE UNTER WWW.SCHWARZKOPF-SCHWARZKOPF.DE

DIE BEDEUTENDSTEN MUSIKER UND BANDS DER WELT IN PRACHTVOLLEN BILDBÄNDEN
JOHNNY CASH
Fotografien von Andy Earl
ISBN 978-3-89602-922-5 | 49,90 €
SERGE GAINSBOURG
Fotografien von Tony Frank
ISBN 978-3-89602-923-2 | 29,90 €
THE BEATLES: EIGHT DAYS A WEEK
Fotografien von Robert Whitaker
ISBN 978-3-89602-859-4 | 49,90 €
SYD BARRETT
›Crazy Diamond‹ von Pink Floyd | Mick Rock
ISBN 978-3-89602-775-7 | 29,90 €
CLASSIC QUEEN
Fotografien und Texte von Mick Rock
ISBN 978-3-89602-748-1 | 39,90 €
UMFANGREICHE WEITERE INFORMATIONEN ZU ALLEN BÜCHERN FINDEN SIE AUF UNSERER WEBSITE UNTER WWW.SCHWARZKOPF-SCHWARZKOPF.DE

GRACE KELLY
Hollywood Collection –
Eine Hommage in Fotografien
Herausgegeben von Suzanne Lander.
Texte und Fachberatung Manfred Hobsch
ISBN 978-3-89602-935-5

Schwarzkopf & Schwarzkopf Verlag GmbH, Berlin 2009. Übersetzung: Thorsten Wortmann. Genehmigte Lizenzausgabe.

KATALOG
Wir senden Ihnen gern kostenlos den Katalog.
Schwarzkopf & Schwarzkopf Verlag GmbH
Abt. Service, Kastanienallee 32, 10435 Berlin
Telefon: 030 – 44 33 63 00 | Fax: 030 – 44 33 63 044

INTERNET / E-MAIL
www.schwarzkopf-schwarzkopf.de
info@schwarzkopf-schwarzkopf.de